U0857812

中世纪阿拉伯地理学研究

郭筠 著

山东大学出版社

图书在版编目(CIP)数据

中世纪阿拉伯地理学研究/郭筠著.—济南:山东大学出版社,2016.4
ISBN 978-7-5607-5542-7

Ⅰ.①中… Ⅱ.①郭… Ⅲ.①阿拉伯国家－地理学－研究－中世纪 Ⅳ.①K937.1

中国版本图书馆 CIP 数据核字(2016)第 100210 号

责任策划:尹凤桐
责任编辑:陈 珊
封面设计:张 荔

出版发行:山东大学出版社
社 址 山东省济南市山大南路 20 号
邮 编 250100
电 话 市场部(0531)88364466
经 销:山东省新华书店
印 刷:济南新科印务有限公司
规 格:700 毫米×1000 毫米 1/16
11.25 印张 158 千字
版 次:2016 年 4 月第 1 版
印 次:2016 年 4 月第 1 次印刷
定 价:25.00 元

教育部人文社会科学研究规划青年基金项目

浙江省高校重大人文社科项目攻关计划青年重点项目

浙江省社会科学界联合会重点研究课题

杭州市哲学社会科学常规性规划课题

前 言

中世纪的阿拉伯伊斯兰文化，是一种高度发达的文化，灿烂而辉煌，在人类文明史上占有重要的地位。它发源于7世纪，10～12世纪发展到顶峰。阿拉伯伊斯兰文化最重要的特点之一就是博采众长、承上启下、兼容并蓄，具有国际性。富有智慧的阿拉伯人掀起了著名的翻译运动，把不同渊源的文明汇合在一起，然后加以融会贯通，实现了东西方的文化交流，进而创造了独特的阿拉伯文化。

中世纪阿拉伯人对科学的贡献在世界文明史上是不可磨灭的。他们在天文学、数学、医学、化学等各个领域都取得了辉煌的成就，居于世界领先地位，尤其是在地理学方面，给后人留下了不朽的文化遗产。中世纪阿拉伯地理学的发展对于欧洲乃至世界地理学的发展都具有重要的意义。

在本书的研究中，作者收集、整理和归纳资料，从阿拉伯伊斯兰文化的新角度认识阿拉伯地理学的贡献，客观、全面地呈现阿拉伯地理学发展的脉络，包括它的起源、定义、发展、分类、特点以及影响等，从而对阿拉伯地理学在世界上的地位有一个较为清晰的定位。

本书包括绪论和正文六章。绪论部分主要论述中世纪阿拉伯地理学研究的重要性以及学术价值、研究方法和创新点等。

第一章阐述了贾希利亚时期和伊斯兰教时期的地理认知，从而发掘中世纪阿拉伯地理学的起源。自古以来，阿拉伯人就对地理学有着浓厚的兴趣，自然环境也赋予他们了解地理认识的直接资源。但是，包含在古代阿拉伯诗歌、《古兰经》、圣训中的地理资料和信息都表明阿拉伯人对于地理现象的认知带有很大的局限性，仅仅停留在地理认识的范畴，但这种浅显的认识为真正阿拉伯地理学的出现和发展打下了坚实的基础。

第二章探索阿拉伯地理学的词源，阐述了中世纪阿拉伯地理学的发展过程，分析了推动阿拉伯地理学发展壮大的诸多因素。社会实践的需要是阿拉伯伊斯兰文化产生和发展的根本原因，也是地理学兴起和发展的根本原因。而阿拉伯伊斯兰文化中的各种外来文化是阿拉伯地理学发展的必要的文化基础，特别是希腊文化。

第三章总结了中世纪阿拉伯地理学的分类以及有代表性的地理学家。阿拉伯人在中世纪初对于地理并没有一个明确的界定和划分，但是我们根据阿拉伯地理学对地理思想史上众多领域的补充，可以将其分为三类：国家领域、自然领域和天文领域。

第四章分析了中世纪阿拉伯地理学的特点。中世纪阿拉伯地理学具有资料来源丰富、视野开阔、国际化等特点。它与历史发展关系密切，同时深受外来文化与伊斯兰教的影响。伊斯兰教对于地理学的影响主要体现在三个方面：首先，《古兰经》和圣训中有很多地理认知的材料；其次，伊斯兰教重视理性，鼓励人们去探求真理，这对中世纪阿拉伯地理学形成影响；最后，伊斯兰教影响着阿拉伯地理学观念的形成。

第五章从中阿交往的角度，探索和考证了阿拉伯地理文献出现于中国的原因以及最早关于中国记载的阿拉伯地理文献，并以两篇具有代表性的阿拉伯地理书籍为例，分析了阿拉伯地理学文献中的中国形象，总结了阿拉伯地理文献中的中国形象特点，力证中阿交往源远流长、关系良好。

第六章从文化传播的角度，从问题入手，阐述和分析了中世纪阿拉伯地理学对欧洲的重要影响。本章研究认为，中世纪阿拉伯地理学的传播有力地促进了欧洲文艺复兴的到来。

本书试图通过客观、全面的研究在进一步探究阿拉伯伊斯兰文化、争取为我国相关学科提供一些新鲜的资料并拓宽其研究领域、推动我国学者与伊斯兰文明之间的深入交流等方面发挥相应的积极作用。

目 录

绪 论

第一节 本书的研究目的及意义

《中世纪阿拉伯伊斯兰文化》一书，曾对中世纪阿拉伯伊斯兰文化有如下精确的描述："阿拉伯伊斯兰文化发源于7世纪，至10～12世纪达到顶峰。以后虽有发展，但无论在形式上还是内容上，都无法与前期相比。然而，不得不承认，阿拉伯伊斯兰文化在整个中世纪是一个强势文化，无论是西方还是东方，都曾受过它的影响，甚至一些西方学者都认为，'在西方的欧洲人还在野蛮的深渊里挣扎的时候，阿拉伯人的文明已经达到登峰造极的程度，是阿拉伯人点燃了文明之火，并照亮了欧洲黑暗的走廊'。"①

一、写作本书的目的

尽管阿拉伯伊斯兰文化在中世纪如此灿烂辉煌，国内的学者对此都有很深入的研究，但由于文化差异等原因，还是有一些方面不为我们所知。当笔者还是硕士的时候，参加博士学长的论文答辩，被葛铁鹰老师题为《阿拉伯古籍中的"中国"研究——以史学著作为例》的博士论文所吸

① 蔡伟良：《中世纪阿拉伯伊斯兰文化》，上海外语教育出版社2006年版，前言。

引。之后,笔者自己成为博士,选题时就在思考,能不能写一篇题为“阿拉伯古籍中的中国——以地理学为例”的博士论文。开始搜集资料以后,笔者发现国内的学者尚未专注于此,而“中世纪阿拉伯地理学”这一课题,国内至今尚未出版过一本关于阿拉伯地理学的“通史”或“分科史”的著作,有的只是零星的文章和书中的片段。绝大多数学者都承认并高度赞扬阿拉伯伊斯兰文化对世界文化的贡献,地理学也是其中之一。可是,中世纪阿拉伯地理学为什么发展、如何发展、有哪些特点、有哪些贡献,这些问题都没有在任何书中得到详细答案。因此,笔者写这部书的初衷更着重于广度,是想将中世纪阿拉伯地理学的发展脉络说清楚,而不是进行深度研究。笔者深知,论著更注重钻研事物的深度,这样也更容易成就一篇优秀的作品,但有些时候,也有必要把事物发展的整个脉络作一番梳理。

德国学者认为:

> 要完全理解现在,永远只有从历史出发才有可能。同样,要充分理解一种科学,也永远只有详细研究它的发展历史,才有可能。
>
> 地理学也是如此。地理学和人类一般历史的联系,比之和其他大多数科学部门要明显一些。它是关于地表的知识,因此便和陆地的发现和占有联系着,这种发现和占有的本身,构成了世界史内容的极大部分。
>
> 地理学研究的目的在于获得关于人类居住地以及人地关系的、更符合逻辑的以及更有用的知识,出于这一目的的研究,可以追溯到人类学术史的初期。①

中国学者陆培勇则认为:

> 而对于我们来说,看似毫无关联的中世纪阿拉伯伊斯兰文化与自然科学的地理学,是如何联系在一起的呢?那是因为阿拉伯伊斯兰文化并不同于世界其他文化,它是一种独特的文化体系,其独特性体现在“宗教不仅是整个文化体系的渊源,而且始终是其精髓和

① 以上参见[德]阿尔夫雷德·赫特纳:《地理学——它的历史、性质和方法》,王兰生译,商务印书馆1986年版,第4、6页。

核心。

这个宗教所启示的一整套生活方式适合于人们生活的全部领域，被视作每个穆斯林的行动指南，并称为判断每一个社会事件、变革和文化异化的标准。[①]

伊斯兰教已经成为阿拉伯伊斯兰文化的核心价值观念的坐标，指导着人们的意识和行为，渗透到并影响着人们生活的各个方面，这其中也包括地理学。中世纪阿拉伯地理学的辉煌发展离不开阿拉伯伊斯兰文化，更不能脱离伊斯兰教的影响。同时，阿拉伯伊斯兰文化体系也指导着阿拉伯人去创造辉煌的地理学成就，对欧洲文明乃至世界文明都做出了巨大的贡献。

二、写作本书的意义

阿拉伯伊斯兰文化体系对于中世纪阿拉伯地理学发展的指导作用主要体现在以下几方面：

1. 自古以来，阿拉伯人就对地理学有着浓厚的兴趣，自然环境也赋予他们了解地理认识的直接资源。地理观作为一种观念形态，是人类通过实践对于自然界进行认定的产物。人们的地理认识是地理观形成的前提。没有这种认识，地理观不可能凭空产生，也不可能轻而易举地发生变化。阿拉伯人自古以来就拥有了解地理知识的得天独厚的自然环境，这使他们在日积月累的生活中提升了对地理知识的兴趣。贾希利亚时期的人们把对地理认识的经验写在了诗歌当中。同贾希利亚时期相同，《古兰经》和圣训中也有关于地理认知方面的信息。但是，古代阿拉伯诗歌、《古兰经》、圣训中的地理资料和信息都表明，阿拉伯人对于地理现象的认识带有很大的局限性，仅仅停留在地理认识的范畴，但它们却为真正阿拉伯地理学的出现和发展打下了坚实的基础。同时，伊斯兰教的宗教义务对鼓励阿拉伯天文学和真正地理学的产生和发展也做出了巨大的贡献。

---

① 以上参见陆培勇：《闪族历史与现实——文化视觉的探索》，甘肃人民出版社 1998 年版，第 89、90 页。

2. 关于阿拉伯地理学的范畴，地理学家阿尔弗雷德·赫特纳在《地理学》一书中说道："所谓阿拉伯地理学，即用阿拉伯文写的穆罕默德教文化范围中的地理学，其代表者绝不是真正的阿拉伯人，乃是波斯人、毛尔人和西班牙人等。"[①]从定义中，我们可以了解到两个方面：第一，"阿拉伯人"这个词具有更广泛的意义。它不仅指有阿拉伯血统的人，还指那些在政治和文化上受穆斯林统治的人，他们在日常交流和文学上都使用阿拉伯语。在这种环境下，"阿拉伯"和"穆斯林"可以互相代替了。第二，我们应该把阿拉伯地理学定义为"阿拉伯伊斯兰地理学"，因为地理学是阿拉伯伊斯兰文化的一部分。为了行文方便，我们用"阿拉伯文化"或"伊斯兰文化"来代替"阿拉伯伊斯兰文化"这一特定用语，实际上它们指的都是后者。纳忠在《阿拉伯通史》中对阿拉伯伊斯兰文化做过科学的概括："阿拉伯伊斯兰文化乃由三种文化汇合而成：一是阿拉伯人的固有文化；一是伊斯兰教文化；一是波斯、印度、希腊、罗马等外族的文化。"[②]所以，只要我们认识到，阿拉伯地理学也具有阿拉伯伊斯兰文化的特性，上述定义就不难理解了。

3. 中世纪阿拉伯地理学的特点与阿拉伯伊斯兰文化紧密相连。中世纪阿拉伯地理学具有资料来源丰富、视野开阔、国际化等特点，它与历史发展关系密切，同时，又深受外来文化与伊斯兰教的影响。我国著名阿拉伯历史学者纳忠概括了阿拉伯伊斯兰文化的三种成分，即"阿拉伯人的固有文化、伊斯兰教文化以及波斯、印度、希腊、罗马等外族文化"[③]。地理观作为一种观念形态，是人类通过实践对于自然界认识的产物。各种自然环境孕育出了阿拉伯地理学最初的地理认知。伊斯兰教是伊斯兰文化的核心和主流。伊斯兰教的兴起不仅是一个宗教的兴起，它还带动了一个民族——阿拉伯民族的兴起，孕育出一种崭新的文化——阿拉伯伊

---

① [德]阿尔夫雷德·赫特纳：《地理学——它的历史、性质和方法》，王兰生译，商务印书馆1986年版，第52页。

② 纳忠：《阿拉伯通史》，商务印书馆1997年版，第3页。

③ 纳忠：《阿拉伯通史》，商务印书馆1997年版，第553页。

斯兰文化,整合、完善了一种语言——阿拉伯语。① 因此,它对于阿拉伯地理学的影响,不仅仅体现在《古兰经》和圣训中的地理认知上,更重要的是赋予了阿拉伯人一种追求真理的理性精神、一种"平等"的基本要素,使人们尽管有贫困、智能、种族、血统等的差异,但在真主面前都人人平等。阿拉伯伊斯兰文化的产生和发展源于社会实践的需要,社会实践才是阿拉伯地理学发展的原动力。最后一种是外来文化对地理学的影响。外来文化,尤其希腊文化,是阿拉伯地理学产生和发展的文化基础。不具备这种必要的文化基础,阿拉伯地理学是不可能产生的。所以,阿拉伯地理学是阿拉伯伊斯兰文化的产物。

因此,比较客观和全面地认识中世纪阿拉伯地理学是这部书的第一个实际意义。"漫长的中世纪,宗教势力特别是欧洲的基督教垄断了学术领域,堵塞了地理学界的视线,而唯独伊斯兰教却继承了古代希腊文化,并对地理学做出了贡献。"②中世纪阿拉伯地理学的发展对于欧洲乃至世界地理学的发展都具有重要的意义。因此,笔者从阿拉伯伊斯兰文化的新角度来重新认识被广泛承认和赞扬的阿拉伯地理学的贡献,收集、整理和归纳资料,使阿拉伯地理学发展的脉络客观、全面地呈现在读者面前,包括它的起源、定义、发展、分类、特点以及影响等。这一课题具有重要的意义,笔者希望本书能为后续学者提供参考和借鉴。

另外,选择这一课题也在于试图弥补目前国内同类课题的缺失。中世纪阿拉伯地理学的发展并不仅仅是有些学者认为的:传承了古希腊地理学的精髓,并随后传到欧洲甚至世界;或者是有些学者认为的:不仅有传承的作用,而且有阿拉伯人自身的智慧融合其中。这些观点都是对的,但是笔者认为并不全面。中世纪阿拉伯地理学之所以繁荣发展并在世界科技史上占有一定的重要位置是和阿拉伯地理学所处的阿拉伯伊斯兰文化体系有着密切关系的。因此,它的起源、发展,甚至继承古希腊地理学并发展成辉煌的阿拉伯地理学,种种因素都是受到阿拉伯伊斯兰文化的

---

① 参见国少华:《阿拉伯—伊斯兰文化研究》,时事出版社2009年版,第27页。

② [美]普雷斯顿·詹姆斯:《地理学思想史》,李旭旦译,商务印书馆1989年版,前言。

影响的。“阿拉伯人通过伊斯兰教而统一起来，成为一个民族。伊斯兰教使阿拉伯人意识有了明确的内容和清楚明了的方向，使阿拉伯民族有了一种向世界各地传播的人文主义信息，并使阿拉伯人有了创造一个新的社会和一种新的文明的广泛基础。”[①]地理学的发展是阿拉伯伊斯兰文化发展的体现，也为研究阿拉伯伊斯兰文化的形成提供了指导。所以笔者认为，这一课题看似简单实则具有重要的意义。本书的研究只是整个中世纪阿拉伯地理学研究的冰山一角，但希望能为后续的研究打下基础，期待着更多的学者发现它的更重要的意义。

最后，笔者用一章的篇幅研究了“阿拉伯地理古籍中的中国”这一内容。中阿友谊源远流长，阿拉伯古籍中的中国形象研究，是近年来学界关注的重要课题。“自从张骞凿空西域后，中阿两大民族通过陆地丝绸之路开始较为频繁的交往，这种交往在海上丝绸之路开辟后达到高潮，尤其以经商、传教等为目的来华的阿拉伯人的数量迅速增加。阿拉伯人在中国的所见所闻必然反馈到他们的历史、地理和文学等方面的著作之中，特别是阿拉伯史地学家通常都很热衷于对异国形象的记述与描绘。”[②]笔者希望通过阿拉伯地理学作家的作品来反观中国文化和中国价值观，进而分析阿拉伯地理学家对待中国人与中国文化的总体印象以及价值取向，以此拓宽中国文化的认识视野。因此，本书对加深中阿两国人民的了解，进一步增进两国人民之间的传统友谊具有重要的现实意义。

第二节 国内外研究现状

一、国外研究现状

国外对于中世纪阿拉伯地理学的研究开始得较早，资料相对丰富，内

---

① [美]凯马尔·H·卡尔帕特：《当代中东的政治和社会思想》，陈和丰译，中国社会科学出版社1992年版，第67页。

② 葛铁鹰：《阿拉伯古籍中的“中国”研究——以史学著作为例》，上海外国语大学博士论文，2009年，第5页。

容也更加翔实可靠,是本书参考的重点。国外学术界对中世纪阿拉伯地理学的研究主要通过两种方式进行:一是将中世纪阿拉伯科学作为关注点,把地理学作为阿拉伯伊斯兰文化科学的一个环节,侧重于对中世纪重要的地理学家加以研究;二是围绕中世纪地理学对西方文化乃至世界文化的影响或者是东西文化交流进行重点研究。

第一种类型是以中世纪阿拉伯地理学为重点的专题研究。

国外的学者在这方面的主要著作有:

玛格布·艾哈迈德在1995年发表的著作《9～16世纪阿拉伯伊斯兰地理学史》。书中以时间为序,主要介绍了中世纪穆斯林地理学家及其作品。

著名俄罗斯历史地理学家克拉克菲斯基所著的《阿拉伯地理文学史》。这本书阐述了从贾希利亚时期到土耳其奥斯曼时期的著名地理学家及其作品。

阿拉伯数学和地理学家委员会主席阿里博士所著的《阿拉伯伊斯兰文明中的地理学探寻者》。

地理学家迪亚乌丁·阿拉维所著的《九十世纪的阿拉伯地理学》《阿拉伯伊斯兰文化百科全书》以及《中世纪伊斯兰文明》。这些书中有专门介绍阿拉伯地理学的章节。

埃及著名的伊斯兰学者艾哈迈德·爱敏在《阿拉伯伊斯兰文化史》第6册中写道:"中世纪著名的阿拉伯地理学家麦斯欧迪在书中提到了地理学对于阿拉伯人的重要性,他说:这是对于商人、旅行家、国王、贵人、法官、教法学家来说必不可少的一门科学。"①

伦敦学者理查德·尼顿的著作《伊斯兰中东地理学家赫旅行者》。这本书包含三部分内容:首先,按时间顺序介绍了阿拉伯地理学的发展;其次,挑选了具有代表性的几位地理学家及其作品进行分析;最后,对中世纪阿拉伯地理学发展中产生的疑问进行解析。

---

① [埃]艾哈迈德·爱敏:《阿拉伯—伊斯兰文化史》第6册,纳忠等译,商务印书馆1999年版,第191页。

另外，还有一些科学书籍。这些书中专门辟有一章节介绍中世纪拉伯地理学的发展。例如，英国地理学家斯凯顿的著作《地理学史》(*History of Geography*)，剑桥地理学家吉姆的著作《中世纪地理学》(*Geography in the Middle Ages*)。

美国杰出历史学家希提在《阿拉伯通史》中提到："用阿拉伯语写成的关于地理学的最初的论文是道路指南，其中旅行路线占有显著位置，他还提出了"文学地理学家"这一概念，但是文学的伊斯兰教地理学对欧洲中世纪思想没有直接的影响。西方的东方学者在这一领域起步较早，研究成果颇丰，大多是介绍性的内容，在此就不一一赘述了。"①

第二种类型是以阿拉伯地理学对欧洲以及世界文明的贡献为重点的专题研究。

在这种类型中，研究者往往以中世纪东西方交流作为出发点，探讨阿拉伯地理学东学西渐以及对世界文明的贡献。这类著作有：

英国地理学家华里德在《12世纪前穆斯林对地理学的贡献》(*Muslims Contribution to Geography before* 12th *Century A. D*)中谈道："9世纪前，人们只关注于诗歌，真正到了10世纪，穆斯林的地理学才开始繁荣，到了11世纪，地理学家开始撰写地理指南类的地理学书籍。"

1965年，埃及地理学家纳菲斯·穆罕默德发表著作《穆斯林对地理学的贡献》(*Muslims Contribution to Geography*)。本书包括三部分内容：阿拉伯地理学的兴起、地理学家及其主要作品以及阿拉伯地理学对西方的影响。

讲述中世纪文化交流的著作还有：《东西方关系史》《东方的太阳照亮了西方》《欧洲文艺复兴中的阿拉伯伊斯兰影响》等。

以上几位阿拉伯学者得出的共同结论是：中世纪阿拉伯地理学对古代地理学的作用是保存、继承、发展和传播。"他们不仅将以亚里士多德和托密勒为代表的希腊地理学加以发挥，再通过西班牙和西西里岛传回

---

① [美]希提：《阿拉伯通史》上册，马坚译，商务印书馆1995年版，第348页。

西方，而且将有所发展的地图说、地球经纬线的长度、造纸术、天文学、代数学、磁针罗盘和准确的制图术传入西方。这对后来发现新大陆以及新地理学说的产生，起了重大的作用。”①

二、国内研究现状

关于中世纪阿拉伯地理学这一课题，国内至今尚未出版过一本有关阿拉伯地理学的“通史”或“分科史”的著作。虽然迄今未见有中国学者专注于此，但是前辈们在阿拉伯地理学对世界科技和文明的贡献以及阿拉伯文化在世界文化史上的重要地位上，都给予过肯定。特别值得一提的是吴国盛的《科学的历史》和王有勇的《阿拉伯文献阅读》，这两本书都辟有阿拉伯地理学的专门篇章。

在文章方面，马坚先生在1956年发表于《历史教学》上的文章《阿拉伯文化在世界文化史上的地位》中介绍了中世纪阿拉伯地理学的发展和阿拉伯著名的地理学家及其作品，阐明重视阿拉伯地理的观念是正确的。近年来，有关阿拉伯地理学的文章有蔡建霞的《中世纪阿拉伯人对地理学的贡献》和李建荣的《中世纪穆斯林对地理学的重要贡献》。文章中对阿拉伯地理学的贡献作了简要介绍。葛铁鹰在《阿拉伯古籍中的中国》一文中，从历史古籍的角度入手对地理学的发展进行了阐述。

已经翻译成中文的地理学原始文献著作有：宋岘译的《道里邦国志》，汶江、穆根来译的《中国印度见闻录》，李光斌译的《异境奇观——伊本·白图泰游记》以及马苏第著、耿昇译的《黄金草原》。其余原文均为外国文献摘录。

从地理角度研究中阿交流的书籍主要有：费琅编，耿昇、穆根来译的《阿拉伯波斯突厥人东方文献辑注》(上、下册)；冯承钧译的《西域南海史地考证译丛》(1～3卷)；张星烺编注的《中西交通史料汇编》(第2册)。这些书籍侧重于中阿交往路线的考证。

① 李荣建：《中世纪穆斯林对地理学的重要贡献》，《阿拉伯世界》1984年第1期。

上述中外文献和资料，毫无疑问都具有重要的学术价值。但笔者认为，它们在以下几个方面尚显匮缺：首先，这些阿拉伯地理学著作中的阿拉伯语原文较少，并没有通过地理学典籍的翻译、梳理，归纳和总结出中世纪阿拉伯地理学发展的特点、观点和思想体系。其次，一切历史人物、事件的出现都是特定时代的产物，都有其必然的文化背景，阿拉伯地理学的出现和繁荣也是如此。阿拉伯地理学的兴起和发展与阿拉伯伊斯兰文化密不可分，伊斯兰教、阿拉伯伊斯兰文化价值观与阿拉伯地理学有怎样的关系，阿拉伯伊斯兰文化对阿拉伯地理学兴起、发展以及特色的形成有什么样的影响是以上著作中没有关注的。最后，以上著作虽肯定了阿拉伯地理学对中阿交往以及欧洲科技和文化产生的深远影响，但阿拉伯人眼中的中国形象是怎样的，有什么特点；东学西渐的途径有哪些，阿拉伯地理学在世界文明中的地位是怎样界定的；等等，这些问题都没有予以涉及。而本书却对这些问题给予了回答，相信这些回答会对相关学科领域的研究产生比较重要的现实作用。

第三节　本书的主要内容

本书旨在探索中世纪阿拉伯地理学的起源、兴起与发展，类型、内容与特点，阿拉伯地理学著作中的中国形象以及对欧洲文明的影响等，因此，分六章对这些内容分别予以阐述。

第一章阐述了贾希利亚时期和伊斯兰教时期的地理认知，从而发掘中世纪阿拉伯地理学的起源。本章分为三节：贾希利亚时期的地理认知，伊斯兰教时期的地理认知，小结。

第二章探索了阿拉伯地理学的词源，阐述了中世纪阿拉伯地理学的发展过程，分析了推动阿拉伯地理学发展壮大的诸多因素。本章分为四节：阿拉伯地理学的词源，阿拉伯地理学的发展，促进阿拉伯地理学发展的主要因素，小结。

第三章总结了中世纪阿拉伯地理学的分类以及重要的地理学家。本章分为三节:阿拉伯地理学的分类,重要的地理学家及作品,小结。

第四章分析了阿拉伯地理学在中世纪发展和壮大的过程中深受阿拉伯伊斯兰文化的影响所形成的特点。本章共有七节:中世纪阿拉伯历史学与地理学的关系,中世纪阿拉伯地理学的资料来源和收集方法,中世纪阿拉伯地理学的文化基础,伊斯兰教对中世纪阿拉伯地理学的影响,中世纪阿拉伯地理学的国际性和局限性。

第五章从中阿交往的角度,探索和考证了阿拉伯地理文献出现于中国的原因以及最早关于中国记载的阿拉伯地理文献,并用两篇具有代表性的阿拉伯地理书籍为例,分析了阿拉伯地理学文献中的中国形象,总结了阿拉伯地理文献中的中国形象特点,力证中阿交往源远流长、关系良好。本章共有五节:阿拉伯地理文献出现于中国的原因,最早关于中国记载的阿拉伯地理文献,阿拉伯地理学书籍中的中国形象——以《中国印度见闻录》和《伊本·白图泰游记》为例,阿拉伯地理文献中的中国形象特点,小结。

第六章从文化传播的角度,阐述和分析了中世纪阿拉伯地理学对欧洲的影响。本章共有四节:中世纪阿拉伯地理学对欧洲地理学影响的几种观点,阿拉伯地理学对欧洲地理学发展的作用,中世纪阿拉伯地理学对欧洲地理学的影响,小结。

第四节　本书的研究方法

一、从历史背景下全面考察问题的方法

全面考察中世纪阿拉伯地理学的起源、发展、特点以及影响,不能仅局限于中世纪阿拉伯地理学本身,而应把目光放在中世纪阿拉伯伊斯兰帝国繁荣鼎盛时期这一历史背景下,并把阿拉伯地理学放在阿拉伯伊斯兰文化中予以考察。

二、考据性研究

考据性研究的基本方法有:归纳法、演绎法、比较法和反证法,旨在解决史料中的冲突。它是历史学上公认的重视资料收集、强调史学客观性的基本方法。本书遵循考据的基本方法。笔者利用出国交流学习的机会,广泛收集阿文资料和英文资料并进行翻译,然后将其与国内的资料进行对比,最后根据本书需要进行文献分析、归纳和解读。葛铁鹰老师曾提到过:"在历史研究中,由于史料众多,文献所占分量最大,所以通过文献分析找出所研究问题在整个历史脉络中的时代意义和历史价值极为重要。"①

三、文化比较的方法

本书对于中世纪阿拉伯地理学文献进行了全方位、大面积的研究,并在其中几个章节运用比较文学形象学方法,从外界反观阿拉伯伊斯兰文化以及中国文化,具体考察了欧洲看待阿拉伯地理学以及阿拉伯伊斯兰文化,阿拉伯地理学家看待中国文化的特殊视角和价值取向,扩宽了认识阿拉伯伊斯兰文化的视野。

四、跨学科研究的方法

"跨越学科界限,采取多种研究形式、运用多种学科研究成果,可以保证研究视角的多元性、研究过程的充分性以及研究结论的科学性。"②地理学应为自然科学学科,而本书把阿拉伯地理学放在中世纪阿拉伯伊斯兰帝国的大环境背景下,结合了地理学、历史学、文化学等学科研究方法,把地理学的发展看作是一个特定的复杂的历史现象加以研究,突出其特点和历史意义,从而使其更具科学性、实效性和文化性。

---

① 葛铁鹰:《阿拉伯古籍中的"中国"研究——以史学著作为例》,上海外国语大学博士论文,2009年,第5页。

② 刘彬:《建构主义视角下的海湾六国安全共同体研究》,上海外国语大学博士论文,2013年,第16页。

第五节 本书的重难点和创新点

由于中世纪阿拉伯伊斯兰历史跨度长,因此阿拉伯地理学并没有像今天的地理学这样有着明确的定义和分支。它涵盖的内容丰富、门类繁多,包含的地理学家众多,涉猎的外文资料广泛,因此对其进行系统梳理和全面研究有着很大的难度。首先,资料较少。本书有些内容对于学界而言可以说是"零"的突破。这并不是指国内学者在阿拉伯地理学领域毫无研究,而是指国内学者的研究较为零散,只有一些论文和附属于世界地理学历史或是阿拉伯伊斯兰文化史中的一个章节。这些资料对于本书的写作来说是远远不够的。因此,笔者申请了出国交流的机会,为本书收集了不少一手资料。其次,阿文和英文资料众多。地理学属于自然科学分支中的一种,体系严谨,分类众多。面对地理学专业词汇,地理学的定义、分支体系和标准,对于跨专业、跨学科进行研究的笔者来说,从翻译、理解到归纳和总结,都具有很大的难度。同时,这些困难也激发了笔者的斗志,笔者期望能够在短暂的时间内尽可能地对中世纪阿拉伯地理学进行有广度、有深度、有价值的研究。

为了比较全面系统地研究中世纪阿拉伯地理学,笔者在国内外专家研究的基础上,探究了阿拉伯地理学的起源、发展、特点以及对中国、欧洲的影响。本书的创新点在于:

一、选题新颖

前文提到,国内至今尚未出版过一本关于阿拉伯地理学的"通史"或"分科史"的著作。虽然迄今未见有中国学者专注于此,但是前辈们对阿拉伯地理学对世界科技和文明的贡献以及阿拉伯文化在世界文化史上的重要地位上,都给予过肯定。国外的资料虽然较为丰富,但都没有系统地深究过阿拉伯地理学发展的特点。所以,本书从研究中世纪阿拉伯地理学这个题目入手,选题有"新"的一面。

二、资料新颖

正是因为上述原因,笔者主动申请出国交流寻找资料,竭力选取中世纪阿拉伯地理学文献中的原文段落以及阿拉伯国家学者对地理学的研究成果,通过翻译、分析、归纳等方法,再以国内资料内容为参考基准,从微观到宏观分析了中世纪阿拉伯地理学的分类、观念、思想和体系,并总结成文。所以,相对国内以往的资料而言,本书的资料相对有"新"的一面。

三、内容新颖

在本书内容上,笔者试图把中世纪阿拉伯地理学与阿拉伯伊斯兰文化结合以来。中世纪阿拉伯地理学的起源、形成与发展都与阿拉伯伊斯兰文化密切相关,只有探究阿拉伯伊斯兰文化价值观,才能真正了解阿拉伯地理学发展的特点以及它在世界文明史上的贡献。另外,笔者试图从古代贾希利亚时期的诗歌以及《古兰经》和圣训中寻找阿拉伯地理学起源的踪迹,分析和研究"阿拉伯地理学"这个词本身的来源,寻找文献中的蛛丝马迹,力证阿拉伯地理学对欧洲地理学的巨大贡献。所以,本书的研究内容具有"新"的一面。

四、研究思路新颖

理论研究:作为中世纪阿拉伯地理学的研究视角与理论依据,首先要对相关的地理学概念、起源、发展与分类进行介绍与诠释,而本书则以具有核心观念的著名的地理学家作为分析与介绍的重点。纵向研究:作为一种社会历史现象,中世纪阿拉伯地理学有其产生、发展的进程,并遵循一定的历史规律,所以要分析推动地理学产生、发展的各种因素。阿拉伯地理学的产生和发展与当时的社会、文化、宗教、语言的作用是分不开的,各种因素相互作用促成了地理学的发展。但是,每个时期对地理学的影响是不同的。在此基础上,可以进一步分析中世纪阿拉伯地理学所具有的独特性及其发展的规律。横向研究:中世纪阿拉伯地理学与中国以及欧洲的交往，对双方都产生了一定程度的影响，我们可以从中世纪阿拉伯地理学涉及中国的文献中，了解中国当时的政治、经济、文化等，并对交往路线进行考证。中世纪阿拉伯地理学对欧洲文艺复兴乃至世界文明有着根本性的影响，给后人留下了不朽的文化遗产。由此，本书的研究思路，具有“新”的一面。

第一章　阿拉伯地理学的起源

地理观作为一种观念，是人类在实践过程中认识自然界的产物。人们对地理的认识是地理观形成的前提，没有这种认识，地理观不可能凭空产生，也不可能轻而易举地发生变化。

第一节　贾希利亚时期的地理认识

我们只能通过少量的材料来了解贾希利亚人，即伊斯兰时期前的阿拉伯人对于地理的认知。众所周知，阿拉伯的知识在伊斯兰教产生前在某些领域是受限制的，所以蒙昧时期的人们是不可能获得系统的地理学知识的。但是，他们生活的自然环境却赋予他们了解这方面知识的可能性，而他们对周遭自然环境的观察能力也很强。阿拉伯人对地理的兴趣主要基于他们所生活的环境。事实上，阿拉伯人，我们指的是阿拉伯半岛的居民，他们需要地理学、天文学的知识，因此，贝都因人在天文地理领域具有源源不断的直接经验。

古老的贝都因部落在半岛的各个角落辗转迁徙地生活着，因此，他们需要准确地了解道路位置，以便寻找水源和草料。所以，很久以前，贝都因人之中，就已经出现了一批“能”人，我们可以称之为“职业地理学家”“带路人”。他们能准确地了解各个部落的位置。这些“带路人”具有相关的地理文化知识（这里的地理文化知识指的是对“地理文化”这个术语的广义的定义)。例如,沙漠的动植物、沙漠的地形特点、沙漠的天文学知识,包括星球以及其运动轨迹。贝都因人从他们的生活中获取天文学的知识,例如白天和黑夜、夏天和冬天。这些都源于他们所处的沙漠自然环境。沙漠里,一年中大部分月份的白昼和黑夜,天空都是晴朗无云的,因此星体总是布满了整个一望无际的夜空。部分史学家们认为,阿拉伯人精通天文学首先应归功于他们的自然环境。

在天文地理学知识中,贝都因人首要关注的是月亮,因为他们常常迁徙。夜行时,他们需要寻找月亮以及其他星体,以此为坐标,进行方向的辨认。当人们依靠月亮和星星来进行引导时,就需要观测发生在苍穹上的所有变化。他们不仅要了解星宿的导向,还要观测它的升起和降落,以便划分白昼与夜晚的时段。当然,月亮对于他们来讲是处在首要地位的。文学家伊本·曼祖尔曾对贝都因人生活中的月亮进行过表达:

> 他们忘记了月亮,因为他们坐在上面夜谈,这在他们的旅程和夜行中引导着他们。夜晚的愁苦远离他们,他们睡在伤痛和晨星之上。[①]

在观测月亮轨迹时,他们很早就发现了月亮轨迹同变化的群星之间持续已久的关系。他们确定了二十八星宿,并将其标志为月亮星宿。这些星宿每一个都有纯粹的阿拉伯名字。这些名字可追溯到只有诗歌中才出现的遥远时段。有一些贝都因人通过长时间观察恒星的出现、消失来预测天气状况,确定一年中合适的庄稼种植时节。他们将其称为“月亮星宿的宇宙陨落”。阿拉伯人将这些星宿叫“总星宿”(所有的星宿),它们在阿拉伯人的生活中发挥着重要的作用。

一些贾希利亚时期的诗歌给我们记录了二十八星宿的不同的简述,例如:

> 如果没有月亮太阳,就没有国家和我们的家园。人们就不能在友爱中互赠礼物。

---

① [黎]伊本·曼祖尔:《阿拉伯文学史》,骑士出版社1989年版,第38页。

如果毕宿星出现，就会悲伤闪现，火焰扰人，疾病蔓延，溪流干涸，少年抛弃他们的心灵。

如果双子座出现，就会慰问的声音四起，人们无病无痛，医生退隐，妇女有知识有文化，住房变好。①

星宿同天气现象紧密联系，所以有时就以后者来命名星宿。“星宿”这一词大部分情况下是指雨。在当代的比喻手法中，它表示海上的风暴。有时候人们会将自然现象直接归咎于星星，于是传言星星使得雨露降临。阿拉伯古代的文学作品里记录了大量和星宿有关的材料，不仅仅有二十八月亮星宿之间的关联表，还有在骈文或者诗篇中被想象成的多种形态。因此，后来的阿拉伯科学家和学者们走上撰写“星宿书籍”的道路是不奇怪的。月亮星宿系统是最古老的人类遗产，它在中国、印度、阿拉伯最古老的小说中被人们所知晓。

当然，贝都因人也并没有仅仅停滞在对月亮的研究上，而是同时还很好地了解了各个星球，特别是金星和水星。至于与星星相关的知识，他们知道的纯粹以阿拉伯语命名的星星不少于250颗。天文学家阿卜杜·拉赫曼·苏菲在10世纪时将它们认真地收集起来。因此，通过观察天空以及观测相关的行星，他们可以预报天气情况，区分四季，找到适合耕种的季节。

如果我们把焦点从天空转向大地，就会发现贾希利亚阿拉伯人的地理知识只是局限于他们的岛屿。岛上的居民过着游牧生活，他们为了寻找更好更新鲜的草坪，不得不一直迁移他们的羊群和牲畜，因为这是沙漠居民最珍贵的财产。在这样不断的迁移中，人们了解了很多关于沙漠动植物的知识。他们通过诗歌、动人的传说和华丽的辞藻，把关于部落的历史和居民的生活环境记录下来。毫无疑问，在阿拉伯科学的地理学诞生以前，这些记录有着重要的意义。

他们也了解了一些关于阿拉伯半岛方位的地理学知识。这些知识也

---

① ［埃］阿卜杜拉·拉赫曼：《阿拉伯古代诗集》，知识出版社1981年版，第19～20页。

反映在诗人的诗歌当中。这些诗句包括对地点的描述，对习俗、传统、动植物的描述。我们发现，贾希利亚时期的诗歌具有一定的"模板"，通常第一章会独立提到友爱和"废墟"，即他的部落或诗人的部落在不同时间的衰败。诗篇的这一章以情诗闻名，其中大部分提到了一个或两个地方的地理，它们能够最大限度地确定确切位置。有一首诗中提到了城市周围的地方：

信德从埃娥山到伍侯德山，一路美景如人身上的刺青一样美。

在那里有素勒、埃克纳弗还有杜勒法尔这些地方，

有时春天在这里，有时春天在那里，人们生活在四季交替中。

人们饮用山谷中的水，这个地方羚羊长期活跃在此。①

在莱比德的诗中，同样也会读到这样的诗句：

还有赖亚山的沟壑，也已变得面目全非，

唯有洪水留下的石头像书中的字迹一般。②

贾希利亚的诗歌向我们记录了这类取之不尽的材料。9 世纪时，阿拉伯地理学家们开始研究贾希利亚时期阿拉伯先人们的功绩。这些材料是阿拉伯地理文献研究的坚实基础，为阿拉伯地理学的出现奠定了基础。

伊斯兰教出现后，诗歌继续以传统的模式被记载。在许多情诗中，如果开头提到了地方和位置，那么这些地名或者是想象出来的，或者在很大程度上不具备生活中的实际意义，仅仅对某一区域的名称进行收集。但是伊斯兰教创立以前的情况不是这样的。一系列研究证明，贾希利亚诗歌的"地点"材料（Toponomy）是真实可靠的。德国的阿拉伯国家地理专家维斯坦福勒德（Wüstenfeld）在他的书《巴林和雅玛》中提到：

诗歌中的地理标识这些材料对于我们的研究来说有着无法判断的价值。他们的注释者所提到的大部分东西（即注释者那些材料都是从诗人们那里收集的类似于明天和宝石的东西）都是非常精准的材料。因为他们在收集、证实它的过程中付出了大量的努力，他们通

① ［埃］阿卜杜拉·拉赫曼：《阿拉伯古代诗集》，知识出版社 1981 年版，第 31 页。

② 仲跻昆：《阿拉伯文学通史》，译林出版社 2005 年版，第 54 页。

过担负着重重困难的旅程到达偏远地方依靠自己来证实诗人们所提及以及贝都因人所问及的这些地点，当他们的数据被证实，我们就不会对于它的正确性疑惑。①

除了少数情况，贾希利亚阿拉伯人的大部分地理认知都没有超过他们岛屿的局限，他们很少在地理认知上发现普遍规律。

阿拉伯人自古以来就对地理学有着浓厚的兴趣。早在基督诞生以前，他们就加入了阿拉伯海、印度洋和中国附近海域的商人以及航海家的行列。那个时期的阿拉伯语词汇主要是关于船、舰、海洋状况、海水表面、风暴、天体以及商品交易等。这些商业活动主要受阿拉伯半岛的地理状况影响：半岛被东西部以及也门、利雅得、阿曼和巴林等一些肥沃的沿海地区包围，长年缺水少雨，甚至阿拉伯海和红海到地中海沿线的地区，也无法免于干旱。

早期阿拉伯伊斯兰时期的诗歌主要涉及航海、旅行和神圣的《古兰经》，而《古兰经》本身就有大量航海术语以及对海洋船只情况的描述。阿拉伯人掌握了一些对星星和其他天体知识之后，对陆上旅行和海上航行更加向往。阿拉伯人的生活平常仅仅依靠其不发达的农业和游牧经济，因此他们的生活总会面临一些困难。比如，他们并不了解可供放牧的资源及其范围、沙漠动植物的分布、自然的地表形态等。所以，阿拉伯人对地理学有了深厚而迫切的兴趣，怎样扩大势力范围、增加贸易机会、加强文化交流和强有力的宗教热诚等，从而推动地理学不断地向前发展。

第二节　伊斯兰教时期的地理认识

伊斯兰教创立之后，《古兰经》不仅是宗教典籍，还是各种学问的源头，如天文学、地理学等。《古兰经》中的地理材料整体上不多，在《古兰经》中被称为“地理传奇遗产”的章节就更少，出自《古兰经》的故事内容也

① ［德］维斯坦福勒德：《巴林和雅玛》，文学出版社 1991 年版，第 38 页。

不是很清晰，这就给材料分析增加了困难。但《古兰经》对天地的形成、天地的结构、日夜的交替、山的作用、风的变化、海的奇事等方面的内容，都有十分详尽的叙述：

天地的创造，昼夜的轮流，在有理智的人看来，此中确有许多迹象。(3:190)

天地的创造；昼夜的轮流；载人航海的船舶；真主从云中降下雨水，借它而使已死的大地复生，并在大地上散布各种动物；与风向的改变；天地间受制的云，对于有理智的人看来，此中确有许多迹象。(2:16)①

在这节经文里，真主列举了七种迹象。它涉及天文、地理、气象、航海、生物等诸多方面。据统计，《古兰经》中描写月份 12 次、海洋 32 次、陆地 13 次。

与天空相关的描写，大部分情况下都会重复关于"七重天"的古老理论。七重天自巴比伦时期就众所周知，它在我们的潜意识表达中存在至今，如"就像置身于七重天中"。在这里用单数的天空来替换了其复数形式。关于七重天的语句在《古兰经》(2:29，17:46，23:38，41:11，65:12，67:3)中被反复提及。其中指出，七重天的构造是一个等级一个等级、一层重叠在另一层之上的(《层》71:14)；它是固体形态的(《坚固》78:12)；它是以轨道的形式存在的(《轨道》23:17)；它由太阳和月亮引导，漂浮在轨道上(《轨道》21:34，36:40)。这个七重天并没有支柱(13:2，31:9)，仅仅依靠神灵的力量。但是它的物质形式是非常清晰的，于是在不止一处重复着(《揭示》17:94，26:188，34:9，52:44)。它已造出了它的建筑物和顶部(《建造》2:20)。

《古兰经》中特别证实了星星的独特重要性，如黑夜中的星星可以指引方向(16:16)。《古兰经》中说："他设立许多标志，他们借助那些标志和星宿而遵循正路。"《古兰经》第 53 章《星宿》篇提到："他是天狼星的主。"

① 文中出现的所有《古兰经》经文，都出自马坚译的《古兰经》(中国社会科学出版 1981 年版)。

(53:49)它的情况如同贾希利亚诗中的十二星宿。十二星宿(The Signs of the Zodiac)从巴比伦时期就被人知晓,却没有在《古兰经》中被提到。这个词在《古兰经》中以复数的形式存在。它的第一层含义众人都知晓(4:80),通常也成为星星的标志(15:18,25:62,85:1)。由于错误的理解,研究人员没有在《古兰经》中发现对太阳系的描述(55:6)。那些摇摇欲坠的星星大大地激发了阿拉伯人的强烈情感,它们在一些人眼中意味着对抗邪恶势力、保护天空的武器(37:7,65:5,72:8)。

在《古兰经》中,人们认为太阳和月亮的基本任务是确定日或年的时间(9:5～7,39:7,55:4)。例如《古兰经》提到:"他本着真理,创造天地;他截夜补昼,截昼补夜;他制服日月,各自运行,到一个定期。真的,他确是万能的,确是至赦的。"(39:5)如果我们注意关于东方人和西方人模棱两可的经文章节的解释,就会观察出了冬季和夏季太阳东升西落位置的不同(37:5,55:16～17)。其中出现了两次对月亮的提及(10:5,36:39)。至于将年份划分为12个月被认为是《古兰经》中描述得最清晰的事了(9:36)。很明显,月亮年份和太阳年份间的不同是众所周知的,由此在"延期"这个词中,引申出闰月(双月)的含义,而"闰月"这个词至今仍在运用。

如果七重天理论对《古兰经》关于天空的认知起了主要作用,那么同地理文学相关的理论在历史长流中被发现对人们认识地球起了重大作用。这些理论中,其中一个认为地球是固定的、平的(27:61,78:6～20)。例如:"还是以大地为安居之所,使诸河流贯其间,使诸山镇压其上,并在两海之间设一个屏障者呢?除真主外,难道还有应受崇拜的吗?不然,他们大半不知道。"(27:61)这个观点是曾在犹太人,在荷马(Homer)和赫西奥德(Hesiod)时代的希腊人、希腊哲学家中广泛传播。《古兰经》通过比较直接的感官语言来表达此类理论。因此,我们发现这样的经文:地球就像床垫(2:21,51:49)、地垫(71:19)、床铺(78:6)、摇篮(43:9,78:6)。这些语言不管看起来多么古怪,但在《古兰经》中表达得很清晰。可是这一理论并没有转变成为阿拉伯地理中的知识材料。

《古兰经》中经常提到山。《古兰经》中的山是作为服务的目的出现的,即通过山使得土地在任何摇晃的情况下得以稳固(16:16,21:32,31:9,78:7～20)。例如:“他在大地上安置许多山岳,以免大地动荡,否则你们不得安居。他开辟许多河流和道路,以便你们遵循正路。”这个理论和地球是平的、漂浮在天空的理论紧密联系。《古兰经》中多个地方提到了群山,并解释了它们对于地球的重要性。在13:3,15:19,27:62,41:29,50:7,77:2这些章节中均有描述。因此,当大部分来自于伊朗人的地理思想出现在阿拉伯人的传奇和神话文学中时,他们就用《古兰经》中关于群山的句子尝试着解释它们。

《古兰经》中多次提到海洋。《古兰经》认为,海洋的作用是让船乘风破浪。《古兰经》说:“他制服海洋,以便你们渔取其中的鲜肉,做你们的食品;或采取其中的珠宝,做你们的装饰。你看船舶在其中破浪而行,以便你们寻求他的恩惠,以便你们感谢。”(16:14)《古兰经》中曾提到“两个海”的观点,这成为阿拉伯地理学中值得考究的问题。《古兰经》中提到:“他曾任两海相交而会合。两海之间,有一个堤防。两海互不侵犯。”(55:19～20)“这两个海之间有一个地峡阻挡了它们的融合。”(27:62,55:19～20)“两个海”的观点让人们很快有了这样的思想:这里的两个海是指地中海和印度洋的红海,阻挡的地峡就是苏伊士地峡。在伊朗小说的影响下,这样的思想成为了阿拉伯地理学和阿拉伯人类学方面的固定学说。于是以麦格达斯为代表的地理学家们开始尝试证明其正确性。《古兰经》中指出:“他就是任两海自由交流的,这是很甜的淡水,那是很苦的咸水。他在两海之间设置屏障和堤防。”(25:55)提到这两个海中一个是“甜”的,一个是“咸”的(25:55,35:13)。巴托尔德在研究“两个海”的问题的时候,将注意力放在了《古兰经》中常用来表达“苦”的两个词汇上,即“幼发拉底”和“大海”。而“大海”一词还曾被用来指代“大的河流”。基于此,便可以做出一种假设,即“两个海”是幼发拉底河和波斯湾,而不是地中海和红海。而“地峡”则是指幼发拉底河注入波斯湾时流经的浅水地带。这一假设也许对于阿拉伯人来说比较直观,但是仍是比较片面的。因为《古兰经》中清楚地说到地峡阻碍了两个大海的交融,其中绝对没有提到幼发拉底河和波斯湾。

后来,东方学家韦森科对此又有了新的解释。他发现与这两个海相关的经文中都假设了天海的存在。这种思想活跃在闪含人中,先知穆罕默德也赞同这个思想,只是还比较模糊。开始,韦森科没敢清晰地表达他的这个假设,直到最后遇到了一位在普通地理和阿拉伯地理方面的大专家,他才表达了他的想法。这位专家就是马吉科。马吉科创立了对《古兰经》经文的解说,但这些解说没有吸引研究人员们对于两座海观点的注意。

《古兰经》经文中有这样一段描述:"当时,穆萨对他的僮仆说:'我将不停步,直到我到达两海相交处,或继续旅行若干年。'"(18:60)文中讲述了两座海的汇合点,即穆萨寻找的活水的位置。自古以来,与穆萨这个名字相关的故事要么取材于亚历山大的传说,要么是对发生在穆萨身上的事情的误解。比如,麦格迪西把这个位置确定为亚历山大旅程的起点——底格里斯河源头。而马吉科则证明,这个位置来自于《古兰经》中反映了神话地理的少部分地方。鉴于此,他们认为,地面的环境似乎是咸的,而天空因给地面输送雨水,所以是甜的。这种观点与《创世记》(第一章,第六段)的话语有所回应:天上的水和地上的水是存在分界的。所以,尽管关于两个海的聚集地点以及经文中所指出的两个海的观点是相互联系的,但要想在现实中的地球上寻找对它的解释则是徒劳的。

《古兰经》中有关地理的大多数描述是修辞性的。它推动了有关"七大海"的理论的出现,不久这个理论就被反映在了地理学文献中。在这方面,《古兰经》提到:"假若用大地上所有的树来制成笔,用海水作墨汁,再加上七海的墨汁,终不能写尽真主的言语。真主确是万能的,确是至睿的。"(31:27),这是描写安拉具有万能之力的言辞。地理学家麦格迪西写道:"……安拉的话语是伟大的,即使我们抢夺了土地中的树木,将大海从遥远的七大海延伸,我们也比不过安拉言辞的伟大。"[①]希腊神话中也有

① [埃]伊格内修斯:《阿拉伯地理文化史》,文化出版社1981年版,第129页。

关于“七大海”的描述，而对希腊神话的相关内容的翻译并没有影响地理学家的判断。欧洲还是有科学家继续关注《古兰经》中的“七大海”，其地位与“七大陆地”一样重要。

如果我们的研究不从《古兰经》中含糊不清的地理学表达转移到现实地理材料中，那么《古兰经》中的材料似乎比阿拉伯诗歌中的要少很多，特别是关于不同地点的材料。可以这么说，《古兰经》对数十个地理名字的引用全部都集中在阿拉伯半岛内，这是它的局限性。

《古兰经》中提到了麦加这个名字(48:24,3:90)。在膜拜的地点中，《古兰经》有萨法以及阿拉法特(2:153)，还有停泊了诺亚方舟的朱迪山(11:47)。先知穆罕默德毫不怀疑地将它表述在了阿拉伯半岛内，但是后来地理学家们将它移到了半岛的北部，而且将其限定在了亚拉山。

《古兰经》在讲述在宗教历史上时，说到了一个起重要作用的地点，这就是西奈(20:20,90:2)以及它附近叠叠不平的山谷(20:12,79:16)。另外，《古兰经》还跳出阿拉伯半岛的限制，提到过巴勒斯坦“圣地”一次(5:24)、埃及四次、巴比伦一次(2:96)。这样的描述出现在关于尤瑟夫和穆萨的历史方面的段落中(10:37,12:21,43:50)。

从拓宽的层面来说，一些东西会对不同的民族有记录，有时这些民族的名字同对宗教的追随相关。如果《古兰经》在麦加时代中使用“阿拉比”的言语来确定它的降世语言，那么“阿拉伯”这个词只会在麦地那时期出现。

至于部落，《古兰经》中除了古莱氏族并没有提及其他部落，而古莱氏族也只在第106章古莱士章(106)中提起过一次。而比萨教却在反复提及的犹太人和基督徒方面数次提到过(2:59,5:73,22:17)。《古兰经》里还多次提到过关于雅朱者和马朱者的言论。例如：“直到雅朱者和马朱者被开释，而从各高地蹓向四方。”他们说：“左勒盖尔奈英啊！雅朱者和马朱者，的确在地方捣乱，我们向你进贡，务请你在我们和他们之间建筑一座壁垒，好吗?”(21:96,18:93)。在世界末日之时，亚历山大大帝把他们囚禁在东北部最远边界的阻隔地界后面，防止世人接触到他们。

而歌革和玛各的故事要追溯到摩西五经中。先知穆罕默德通过与亚历山大大帝相关的古叙利亚神话了解到歌革和玛各。而当时,阿拉伯地理学家们在忙于确认那些民族的定居点,忙于确认将那些民族和外面世界相分离的阻隔地带位置。这种确认行为促使他们开始探访阻隔地带的实践旅行。而在旅行过程中,他们发现了歌革和玛各的故事,发现了他们在中欧地区的地理观念中具有的重要地位,由此产生了对他们进行特别赞颂的文学。

最后,如果我们尝试将《古兰经》和所有贾希利亚时期的诗歌中的地理认知资料作对比就会知道,诗歌以现实和正确性为基础,而《古兰经》中的大部分理论都是来自半岛以外的传说。这些理论对于阿拉伯人了解地理知识的帮助很小。

在哈里发时代的前十年中,很微弱的地理知识反映在文学中。众所周知,阿拉伯人的征服大军横扫阿拉伯半岛直至不同地域。这段征服之旅使阿拉伯人对世界的看法完全改变。毫无疑问,这些直接经验使得他们的地理视界更加开阔。但也应清楚地注意到,理论同实际经验是不同的。这些实际经验很少能够通过某些方式与之后的知识相联系。这些知识后来不断得到扩充。特别是在城市中,先知穆罕默德的妻子和他的追随者们在不断地学习着这种知识。当然,他们学习这些知识的最基本的目的就是研究《古兰经》,撰写所有同穆罕默德和他的两位继任哈里发相关的东西。很显然,这些聚集在军事、行政中心的知识不仅没有拓宽任何地理知识的领域,反而将自己局限在尝试解释和说明模糊的地理标记和《古兰经》中提到的理论中。

如同《古兰经》一样,在圣训中,地理名称也鲜有提及。但文中有时会连续提及标志为世界最远地域的中国。这样的情况出现在著名句子"学问,即使远在中国,亦当求之"中。有时文中也会提到印度,这往往会在预言这个国度军事行动的语句中出现。所以,《古兰经》和圣训对于地理活动的影响更多地体现在宗教信念上。对此后续的章节会详细叙述。

小　结

“自然民族和半开化民族的地理视野大都十分狭隘。这是由于文献的缺乏，始终限于口耳相传，关于古代的住地，也只是有一些模糊的影像。”[①]这些民族对于自然的观察，只是着眼于一些地区和地点的个别事实，而没有着眼到整体，因此这个时期这种观察的性质，还不能算是地理学，只能算是地理认识。

阿拉伯地理学也是如此。阿拉伯人自古以来对地理学有着浓厚的兴趣，自然环境也赋予他们认识地理的直接资源。贾希利亚时期的人们把对地理认识的经验写进了诗歌当中。同贾希利亚时期的地理认识相同，《古兰经》和圣训中的地理资料也都仅仅停留在地理认识的范畴内。包含在古代阿拉伯诗歌和《古兰经》、圣训中的地理资料和信息，都反映了阿拉伯人对于地理现象的局限性，但它们却为真正阿拉伯地理学的出现和发展打下了坚实的基础。

① ［德］阿尔弗雷德·赫特纳：《地理学》，王兰生译，商务印书馆2009年版，第9页。

第二章　阿拉伯地理学的兴起和发展

第一节　阿拉伯地理学的词源

“把地球作为人的世界去了解它。”这是地理学家布洛克对地理学的定义。“地理学是关于地表的知识，因此便和陆地的发现和占有联系着，这种发现和占有的本身，构成世界史内容的极大部分。”[①]“理学史是学者们关于地球表面各种事物的安排所展开的连续形象的记述。地理学家詹姆斯把地理学的发展分为三个时期，即古典时期、近代时期与现代时期。”[②]古典时期是从地理思想的最初朦胧时期，一直到1859年，长达千年以上。古典时期结束的标志是19世纪上半叶被称为“博学家”的亚历山大·洪堡逝世。

生活在3世纪的希腊地理学家艾拉脱色尼最早使用“地理”一词(Geography,ge的意思是地球，graphe的意思是描述)，但是人类对地理问题的探索则远早于此。

在阿拉伯语中，“地理学”(علم الجغرافية)这个词是Geography的音译，而与地理知识意义相关的词汇有旅行(رحلة)、朝觐(حج)这些词汇如前所述，多次出现在《古兰经》中，并沿用至今。众所周知，各种外来文化中，对

① [德]阿尔弗雷德·赫特纳:《地理学》,王兰生译,商务印书馆2009年版,第3页。

② [美]James P E,Martin G J:《地理学思想史》,李旭旦译,商务印书馆1989年版,第2页。

阿拉伯地理学影响最大的外来文化是希腊文化，影响最大的人要数地理学家、哲学家托勒密（90～168 年）。阿拉伯地理学家翻译了托勒密的著作。《道里邦国志》的翻译者宋岘在书中提到："许多学者认为，'地理学'（Geography）这个词本来就是托勒密著作的标题，阿拉伯人把它译成'大地的形象'，有些阿拉伯地理学家便以此作为自己的标题。"[①]马斯欧迪把这个名词解释为"大地的区域"，并在《雅致的信札》中第一次从"世界与各地图绘"的意义上使用了"Geography"这个名词。

同时，他还在此书的"前言"中提到："阿拔斯时期的阿拉伯人只是把地理学当成是最接近天文学的一门精密学问，并没有把它看作现代意义上的定义明确、范围确定、有专门内涵和特定对象的学科。因此，阿拉伯人在地理学的名称上也从来没有一个统一的字样，来自地理学 Geography 一词有时指自然地理学，有时被当作'经纬度学'或'诸城定点学'。一般描述地理学通常被称作'道里邦国志'。"[②]

阿拉伯人由于身处不同的环境之中，所以他们创造的文学形式多种多样。阿拉伯人对地理学许多名字的命名也是这样。著名历史学家克拉克菲斯基所著的《阿拉伯地理文学史》中指出，在阿拉伯地理学文献中，与天文地理相关的通常用固定的希腊读音"地理"（Geography），有时被翻译成更方便理解的"长宽学"或"地名辞典学"。他们在叙述地理时，地理被命名为"道路版图学"；在讲述旅途故事时，旅游地理被命名为"游记学"；如果大部分内容涉及宇宙学——即描述生物——明显倾向于奇闻怪事时，地理则被命名为"地区趣闻学"。例如，伊本·胡尔达兹卜（ابن خرداذبه）的著作，名为《道里邦国志》。在 9 世纪时，很多作品使用同一个名称，还有的命名为《诸国志》《道路志》等，但其实都属于描述地理学的作品。

---

① ［古阿拉伯］伊本·胡尔达兹卜：《道里邦国志》，宋岘译，中华书局 1991 年版，第 2 页。

② ［古阿拉伯］伊本·胡尔达兹卜：《道里邦国志》，宋岘译，中华书局 1991 年版，第 2 页。

第二节　阿拉伯地理学的发展

阿拉伯地理学大约从8世纪中叶开始发展起来，时值阿拔斯王朝哈里发曼苏尔时代。在此之前，阿拉伯征服者从7世纪起到达亚非欧很多地方，商人们的足迹则比征服者更远。这些都为阿拉伯地理学的兴起和发展奠定了基础，积攒了很多感性知识，但这时的地理知识并不能称为真正系统的地理学。

9世纪下半叶开始，阿拉伯地理学的发展进入了一个阿拉伯思想与外来思想相结合的崭新阶段。这一时期，阿拉伯翻译家们把很多来自波斯、印度、希腊、罗马的著作翻译成阿拉伯语。希腊、罗马思想对于阿拉伯伊斯兰文化产生了巨大的影响，特别是托勒密关于天文学和地理学的观点。之后，地理学书籍开始出现，包括托勒密的《地理学》。这些书籍属于数学地理学和天文地理学的类型，其中最杰出的要数花剌子密的《地形学》。“这些书籍从多方面吸收资料，例如，阿拉伯半岛的古代游牧人即所谓的贝都因人传唱的诗篇、8世纪以来阿拉伯辞书字典中的地名条目、伊斯兰教圣训、波斯地理文献、希腊和印度地质报告，特别是希腊绘制的地图、印度的天文测量等，都是阿拉伯地理著作的取材资源。”[①]阿拉伯地理学发展史的这个阶段以天文学为核心，其最大的特点就是大量、广泛地吸收各种途径得来的信息与资料。例如，政府部门包括邮政驿站、税收等部门的资料档案，从旅行者、朝觐者那里打听到的旅行游记、轶事，从商人、远行者身上得到的关于道路行程、城市山川、湖泊河流等各方面的实际知识。它们中有相当多的著作以“道里与诸国志”“诸国志”等为标题。因此，9世纪以来的许多地理学著作被概括为“道里志”派著作。毫无疑问的是，从哈里发曼苏尔时代开始，这种学科就已经受到鼓励，在麦蒙时代达到顶峰。

---

① 张广达:《出土文书与穆斯林地理著作对于研究中亚历史地理的意义》(下),《新疆大学学报》(哲学人文社会科学版)1984年第1期。

哈里发麦蒙被认为是发展和繁荣地理学著作的奠基人，这一时期则被认为是真正地理学的开端。伊斯兰帝国根基稳固，幅员辽阔，人们迫切需要了解连接帝国内各地区相互联系的道路知识以及帝国扩张后原先非阿拉伯地区的新情况。因此，一批可以称得上是真正地理学的著作应运而生。这些地理学文献著作属于“按照一定的体例，即按照区域划分、以道路里程为脉络的人文地理资料汇编”。①

“9～10世纪是阿拉伯、波斯地理文献发展最具特色的时期。学界把这个时期称为阿拉伯地理学的古典时期。”②10世纪虽然是阿拉伯哈里发政权开始分崩离析的瓦解时期，但它的阿拉伯伊斯兰文化、文明发展极为发达和繁荣。而在阿拉伯伊斯兰帝国的东部，出现了几个地方的小王朝。单就阿拉伯地理学的独创性而言，这些王朝中的萨珊王朝(819～999年)将其发展得最为显著。古典时期的地理学被学者们分成了两个派别：一为伊拉克学派。其代表人物有伊本·胡尔达兹卜、雅古比(الياقوب الحموي)等地理学家。这一学派的著作划分区域带的方法沿袭了波斯地理学的划分体系，是按照东、西、南、北四个方向划分道路、安排材料并讲述事实的。伊本·胡尔达兹卜的著作是《道里邦国志》(又被翻译为《省道志》《道里及邦国志》)。这本书约在846年完成初稿，书中详细记载了东西交通路线、驿站和各地贸易情况。书中有关历史地质学的记载学术价值很高，成为其后地理学家参考和引用的重要资料。另一派为巴黑里派，著名人物有伊斯泰赫里(الإصطخري)等。

10世纪开始，阿拉伯地理学写作的新形式已经稳固，地理学书籍的内容更加清晰和专业。这个时期的代表人物有：伊斯泰赫里、巴勒希(البلخي)、伊本·豪盖勒(ابن حوقل)和麦格迪西(المقدسي)。出生于波斯的伊斯泰赫里于950年完成了《省道图志》(亦被译为《列国道路志》)一书，书中

---

① 张广达：《出土文书与穆斯林地理著作对于研究中亚历史地理的意义》(下)，《新疆大学学报》(哲学人文社会科学版)1984年第1期。

② 张广达：《出土文书与穆斯林地理著作对于研究中亚历史地理的意义》(下)，《新疆大学学报》(哲学人文社会科学版)1984年第1期。

附有各地区的彩色图册。在他之前的巴勒希曾建立阿拉伯地理学体系，把研究的范围放在伊斯兰世界范围之内。伊斯泰赫里对这一体系作了详尽的发挥。伊本·豪盖勒根据伊斯泰赫里的要求，修正了《省道图志》一书，后又把它改成《省道和省区》。麦格迪西出生于耶路撒冷，他曾几乎游历整个阿拉伯世界。之后，他把 20 年的旅行记录整理成《各地知识的最佳分类》(亦被译为《国家知识大全》)，内容十分丰富，学术价值极高。

地理书籍的作者都遵循一个纲领，就是地理学的内容要包括地区地图。地理学书籍没有脱离数学，它们的内容大多涉及地球、地球面积以及其七大地区，写作过程中都运用了希腊的知识。直到这一时期，地理学著作和天文学著作发生了明显的分化。随着 10 世纪阿拉伯帝国内部的瓦解，国家的语言也由原来的阿拉伯语逐渐被波斯语所替代，并成为阿拉伯帝国东部的书面语言。这时的阿拉伯帝国东部出现了一些地理学著作，如萨曼王朝宰相伊哈尼(ايحاني)的《道里与诸国志》、波斯学者(名字不详)的《世界境域志》等。前书已经失传，但对后来的地理学影响巨大。总体来说，在阿拉伯地理学的古典时期，地理文献的写作更注重人文地理资料的撰写。这些著作是为了迎合当局统治者经世致用的实际需要才编写的，因为某些地理记述是总督、官员们必须要了解的地理知识。

事实上，10～12 世纪初的这一阶段被认为是阿拉伯地理学繁荣发展的顶峰，这一期的著作体现了阿拉伯地理学本身的真正特性。这个时期作家的资料首要依靠客观观察和亲身实践，因而具有可信性。事实上，大多数的作家都是旅行家，因为旅行是写作的基础。正如我们上文所提到的，阿拉伯地理学写作这种新类别的发展是阿拉伯帝国繁荣的产物。伊斯兰帝国的扩张需要了解这片崭新的辽阔的土地和人民的情况。穆斯林的统治者必须要了解居民的生活习惯和习俗，要根据工农业需求和土地资源评估和制定税收政策。同样，这些管理者也需要了解城市的名字和通往这些城市的道路。因此这一时期早期的地理学家，例如伊本·胡尔达兹卜，都得益于统治者鼓励收集遥远地区信息的政策。其他的学者们也从探寻新的旅行路线的可行性上获益。旅行路线一般是在亚洲。可行性体现在道路交通网的扩大以及安全等级的提升。因此,地理学家们把自己乔装成当地的居民,在这些遥远的地区旅行。他们亲身观察、询问探究伊斯兰帝国的土地和资源分布情况,以便收集资料。这是前无古人的方法。收集资料不仅依靠这些地理学家,商人对于收集资料也做出了巨大的贡献。商业对地理学知识的发展也起到了重要的作用。

那些地理学家们,还鼓励不是地理学家的学者们、作家们重视并发展地理学知识。他们的著作更倾向于关注奇闻逸事,同样,也包括一些与地理相关的知识,如海洋、气候、星体、珍稀的石头以及动植物。这类学者拥有各种不同的专长,但他们绝大部分是历史学家。马斯欧迪是这类学者中的领军人物。事实上,阿拉伯地理学基本上倾向于宇宙学,探索的是地球奥秘和各种星体。

12 世纪初,随着帝国的分裂、政治的衰变,纯粹的地理学知识开始失去它的本质。统治者们不再鼓励学术,而是缩小帝国的面积,把国家分成几个地理区域,因此,他们不再需要地理学书籍。地理学家们不能获得新的地理学知识,而仅仅局限于从前人那里获取知识。这个时期,最著名的著作是《百科全书》,它是 14 世纪最具影响力的著作。阿拉伯地理学发展到这个阶段,神话故事在地理学著作中的作用逐渐加强。这些神话故事改变了这个时期地理学的主要特点,它把学术和神话结合起来。作者们在著作中把重点放在由人、动植物、地理现象组成的大自然的故事上。在这个阶段,游记文学也在繁荣发展。我们在介绍 10 世纪时曾提到过这种形式。这种新的游记形式普遍具有文学性和实践性。宗教学者们在鼓励这种地理学形式的发展中发挥了主要作用。作家们鼓励大家去朝觐旅行,因为这种旅行可以使他们有机会拜访朝觐路上的各地,记录他们观察的事物,特别是关注宗教礼仪、清真寺状况等等。他们还非常重视与宗教学者的会晤。他们的著作中包含人文、经济的信息,同时还有非常丰富的城市、地区的地形特点。因此,他们的著作收集了很多有价值的资料。《伊本·朱拜尔(ابن جبير)游记》(亦被译为《朝觐途记》)被认为是这种地理写作形式中的代表作。这部著作既是地理学著作,又富有文学色彩。另一本代表著作是《伊本·白图泰游记》。作者伊本·白图泰于1325～1354年间三次出游，足迹遍及整个伊斯兰世界，向东到达中国和印度的苏门答腊，向东南至印度和锡兰（斯里兰卡），向南深入非洲中部，向北进入西班牙。他将所见所闻和奇闻逸事讲给别人听，伊本·朱扎伊根据他的口述编写成书，名为《异域奇游胜览》。这部游记在记载各地的经济、政治、风俗、民情的同时，还叙述了当地地理和物产情况。

15世纪，阿拉伯地理学开始衰落。除了两本著作《航海地理学》和《海洋地理学》外，这个时期再也没有阿拉伯语的地理学书籍。这两本书对于航海技术，特别是如何在红海、阿拉伯海湾和印度洋上航行，具有理论和实践双重的指导意义。

16世纪，奥斯曼帝国和波斯帝国在中东崛起。阿拉伯人的统治逐渐瓦解，阿拉伯地理学著作逐渐消失，取而代之的是用土耳其语和波斯语写成的地理学著作。由于这些著作并不是用阿拉伯语书写，所以并不属于我们的研究范畴。中世纪阿拉伯地理学的发展是由阿拉伯伊斯兰帝国各族人民共同创造的，因此它是阿拉伯伊斯兰文化中重要的不可分割的一部分。

第三节　促进阿拉伯地理学发展的主要因素

伊斯兰教的创立以及阿拉伯伊斯兰文化对"这种地理知识"的发展产生了根本性的作用。阿拉伯地理学的兴起和发展是由诸多因素构成的，其中比较突出的有以下几种情况：

一、翻译运动

750年建立起来的阿拔斯王朝迎来了一个灿烂、强大、显赫的时代。在阿拉伯人的统治下，阿拉伯伊斯兰文化空前繁荣，科学活动由此诞生。在这个进程中，科学活动的产生都要归功于巴格达哈里发曼苏尔、拉希德等人的大力支持，尤其是麦蒙组织的翻译运动，这其中最重要的科学基地就是“智慧宫”。阿拉伯伊斯兰文化吸收了外来文化的精髓，并不断地融合自身文化，使其发展并达到顶峰。智慧宫集中了大量阿拉伯帝国著名的科学家、翻译家。这里有许多学者，他们把各个语种的书籍翻译成阿拉伯语，他们的手稿按重量用黄金付费，主要目的是创造能够表达希腊和其他地区智慧和科学的阿拉伯语言。这次持续百年的声势浩大的翻译运动，在整个阿拉伯伊斯兰文化史上，甚至是世界思想史上都有着重大的意义。首先，它保存了世界古代学术文化精髓；其次，它对阿拉伯人的思想产生了决定性的影响。

阿拉伯人受希腊学术的影响是显而易见的，尤其是自然科学方面。可是我们也不能忽略它对阿拉伯人思想的深远影响。英国学者汉密尔顿·阿基布说：“希腊思想给伊斯兰世界最显著的遗产不是科学，而是方法、规程和求知欲。方法和规程来自对逻辑学的研究。”[①]在众多科学分支中，物理学、气象学、矿物学、生物学、天文学和地理学受到了特别的关注。早期的翻译主要集中在医学和哲学作品上，后来数学、天文学和地理学逐渐得到了更多的关注。哈里发麦蒙就对翻译和科学作品有着浓厚的兴趣。他最伟大的成就，就是组织学者们在西摩苏尔平原上测量出地球的弧度和绘制了世界地图。这两项成果都对地理学发展有着极大的影响和推动。

早期翻译阶段对穆斯林社会智慧和科学的发展起着重要的作用。对阿拉伯学者影响最大的希腊作家不是诗人、历史学家或者演说家，而是不同领域的科学家，诸如数学家、天文学家、医学家、哲学家和地理学家。例如，亚里士多德的科学方法比柏拉图和苏格拉底的作品受到更多的关注。通过翻译运动，各种新的知识包括系统的天文学、地理学知识呈现在阿拉伯人面前，阿拉伯伊斯兰文化逐渐与希腊罗马、印度文化相融合。

① [英]阿汉密尔顿·阿·基布：《阿拉伯文学史》，陆孝修等译，人民文学出版社1980年版，第79页。

二、伊斯兰帝国的扩张

倭马亚王朝后期，伊斯兰帝国扩张，它的版图横跨三大洲：亚洲、非洲、欧洲的西南部。随着整个阿拉伯帝国统治领土的不断扩张，为了掌握全国各地的情况并加以控制，哈里发必须收集这些新的地区和国家的有关信息，并制定出有效的管理以及税收政策。而通晓道路、发达的交通线路对于传达哈里发的命令和调派军队，都是非常必要的。阿拉伯帝国哈里发政府以巴格达为政治、经济、文化中心。它需要大量具备相关人文地理知识和自然地理知识的地理学家以及各方面的地理知识，以实现对全国的掌控和管理。这些都是地理学的基本职责。所以，帝国的扩张毫无疑问地推动了阿拉伯地理学的发展和繁荣。

三、繁荣的商业活动

伊斯兰教具有重视商业和崇尚商人的价值观。中世纪，伊斯兰帝国的版图比罗马帝国大，阿拉伯地理学家准备了充足的古代世界的资料。阿拉伯帝国在阿拉伯伊斯兰文化体系的影响下，促使阿拉伯帝国的国内贸易和国际贸易兴旺繁荣。商人在阿拉伯帝国的地位非常高，许多商人都受到了哈里发的礼遇，这些情形多次体现在文学作品中。另外，文学作品中描写和赞扬商人远行经商的情节也非常多。阿拉伯人渐渐取代了初期的基督教、犹太教等商人。巴格达、西拉夫、亚历山大港口等都成为陆上贸易和海上贸易的中心。

伊斯兰帝国的哈里发轻视农业，重视商业。这种重视使阿拉伯商人形成了庞大的规模和阶层。商人们的经商活动范围超出了帝国领土本身，他们到达了亚、非、欧三大洲。在欧洲，阿拉伯商人集中在中北部。他们到达斯堪的纳维亚地区，甚至到达欧洲东边。在非洲，阿拉伯商人还穿越大沙漠，在非洲西部进行贸易往来，最远到达西撒哈拉地区。同时，他们的船队也从西海岸延伸航行到马达加斯加。在亚洲，阿拉伯商人从亚洲北部到达南部（安达卢西亚群岛），再到亚洲西部。东边的方向，中国是商人们到过的最远的地点。“阿拉伯文献记载，他们远在阿拔斯王朝哈里发曼苏尔时代，就已经从巴士拉到达中国。”[①]“大的商队有几千头骆驼”。“在中国仅广州一地据说有蕃客十多万人，其中大部分是阿拉伯商人。在北欧的许多地区甚至斯堪的那维亚国家，到本世纪前25年发掘出那时穆斯林使用的古钱多达1000万枚”[②]。从这些资料中，我们可以想象出阿拉伯商人队伍的庞大。

阿拉伯商人曾从中国进口丝绸、锦缎、木棍、鞍座、芦苇草、高良姜等物产，从印度进口木棍、檀香、樟、香蕉、丁香、砂仁、椰子、大麻以及棉花做的成衣，从费尔进口犀牛角，从萨尔德进口蓝宝石、钻石和水晶，从信德进口竹材和柚木。“关于阿拉伯人和波斯人与印度人和中国海上交通最早的阿拉伯语资料，是商人苏莱曼和回历三世纪时代其他商人的航行报告。”[③]

阿拉伯商人们有充足的机会收集古代各国的各种信息。随着伊斯兰帝国的扩张，帝国几个主要的贸易中心也日益繁荣发展。贸易的繁荣对丰富地理学知识的发展产生了根本的影响。这主要体现在两方面：一方面，商业活动除了需要了解主要城市以及城市特色商品的相关知识，还需要知道通往这些城市的道路情况；另一方面，商人和他们的随从还要收集和掌握不同地区和国家的习俗、经济以及地质方面的知识。所以，从某种角度来说，商人本身就是杰出的地理学家。

四、伊斯兰宗教义务

伊斯兰教的宗教义务对阿拉伯天文学和地理学知识的发展做出了巨大的贡献。《古兰经》中有很多经文都在鼓励和倡导穆斯林多去世界各地游历，这样可以通过亲自观察来认识和发现他们所生活的世界，寻求真理和宇宙生命的奥秘。《古兰经》说：“难道他们没有在大地上旅行，因而有

---

① 纳忠：《阿拉伯通史》，商务印书馆1997年版，第238页。

② 江淳、郭应德：《中阿关系史》，经济日报出版社2001年版，第45页。

③ [美]希提：《阿拉伯通史》上册，马坚译，商务印书馆1995年版，第311页。

心可以了解，或者有耳可以听闻吗？”“他们没有在大地上旅行，以观察前人的结局是怎样的吗？”(22:46,36:44)伊斯兰教规定：“忠实的穆斯林，每日要向着克尔白礼拜五次。当礼拜的时候，对穆斯林世界作一次鸟瞰，就可以看到这样一个奇迹：由礼拜人构成的一连串的同心圆，都是由麦加的克尔白辐射出去的，覆盖着一个不断放宽的面积。”[①]礼拜和斋戒需要地理和天文知识，因为人们要在幅员辽阔的伊斯兰帝国的各地确定这两项礼仪的时间。

朝觐激发着阿拉伯伊斯兰帝国各地穆斯林旅行去圣城麦加以及在麦加和麦地那两座主要圣城获得宗教知识的热忱。朝觐是伊斯兰教的“五功”之一。对于穆斯林来说，这不是一个所谓的选择，而是他在有限的可能性里必须积极履行的宗教职责。希提提到：“经常不断的哈只旅行团，从塞内加尔、利比里亚、尼日利亚，穿过非洲，不断向东移动，团圆的人数，沿途不断增加。有步行的，有骑骆驼的。大多数是男人，但是也有少数的妇女和儿童。他们沿途做买卖，乞讨；生存者终于到达红海西岸的一个港口，小船把他们渡到彼岸。”[②]阿拔斯王朝时期无论是陆路驼队贸易还是海路交通贸易都非常发达，这不仅沟通了王朝统治下的腹地与边远地区的来往，而且使王朝的影响传到遥远的疆域之外，甚至是非洲、印度、东南亚、中国等，从而扩大了朝觐所涉及的范围。

麦加朝圣，像一个穆斯林的大聚会，成千上万来自各种各样的社会环境、不同种族的穆斯林在这里遇见和他们有相同宗教信仰的人。这些旅行者具有敏锐的观察力。他们煞费苦心地获得各种信息，且喜欢与见到的学者交流。这个聚会给他们提供了一个对伊斯兰宗教的理解并进行交流、对各自的旅行经历进行记述的场合，也为学者们提供了旅行出国学习的机会。人们往返麦加和麦地那的交通速度非常缓慢，这就是穆斯林所称的“漫步四年”。阿拉伯语作品记载的穆斯林朝圣者的故事，较之于那些基督徒的故事更有科学价值。伊本·朱拜尔的游记、伊本·白图泰记

① [美]希提：《阿拉伯通史》上册，马坚译，商务印书馆1995年版，第117页。

② [美]希提：《阿拉伯通史》上册，马坚译，商务印书馆1995年版，第121页。

述的地理文献等都是杰出的范例。“这促使穆斯林在商业旅行、宗教旅行之外，大力开展以探寻知识、了解风土人情为目的的学术旅行，并留下大量的地理学资料。”[①]由于朝觐，阿拉伯地理学产生了很多旅行家，他们对中世纪地理学的发展贡献了珍贵的资料。

同样，一些宗教信念也影响着地理活动的开展。“受安拉的派遣，负责宣传正道，提倡学问的使命”，并号召“求学问是男女穆斯林的天职”[②]。这些信念促使人们对大自然和宇宙以及各方面的知识进行探索，追求真理。我们又一次要提到先知穆罕默德的著名圣训：“学问，即便远在中国，亦当求知。”虽然，圣训学家根据实际应用情况将圣训分为不同的类别和等级，而这条圣训则被认为是无从考证的。但是这条圣训中所提倡的追求真理、不怕遥远的精神，自古以来都影响着穆斯林对知识的渴求。

五、邮政

邮政是引导阿拉伯地理学家去发展地理学知识的一个重要途径之一。同样，邮政用语是标准的阿拉伯语，而不是被视为阿拉伯语的外来语，并被阿拉伯穆斯林科学家在《地名辞典学》中所使用。在伊斯兰(教)中第一个想到邮政的是穆阿威叶·本·阿布，而阿卜杜拉·本·马尔万在阿拉伯帝国中普及了邮政。四大哈里发时期还没有邮政局。纳忠在《阿拉伯通史》中介绍：“哈里发麦立克执政时，书信局增设档案室，掌管印玺，负责最后盖章和漆封，以防止泄露机密内容被篡改。因此，书信局已成为印玺局，集今日的机要处与收发处的职责兼而有之。”[③]阿拔斯政府一个重要的特征是设立邮政局，邮政局局长被称为“驿传长”。邮政局的首要任务是为国家服务，但是在一定限度内，邮政局也替死亡的人寄信。为了让信件及时到达哈里发手中，伊斯兰各国各地的道路知识就必不可少。那时候的送信人与我们现代概念的邮递员完全不同。当时的信使通

---

① 许序雅：《阿拉伯—伊斯兰舆地学与历史学》，《史学理论研究》1996 年第 4 期。

② 蔡德贵：《中世纪阿拉伯人对哲学和科学的贡献》，《阿拉伯世界研究》2008 年第 3 期。

③ 纳忠：《阿拉伯通史》，商务印书馆 1997 年版，第 351 页。

常由权威人士或哈里发所信任的人担任，因为他要迅速传递关于敌人的数量和意图的信息，这使哈里发时刻警戒着。每个省会都设有一个邮政局，邮政道路把从首都与帝国的各大城市连接在一起。

希提在书中提到："巴格达的邮政总局，曾编写了很多旅游指南。记载各驿站的名称和各站之间的旅途。这些旅游指南对于旅客、商人和哈只很有用处，而且为后来的地理研究奠定了基础。阿拉伯的地理学家曾利用这种邮政指南，作为编纂地理著作的重要参考资料。"①

伊本·胡尔达兹卜可以说是阿拉伯地理学的鼻祖，他奠定了阿拉伯地理学文献用阿拉伯语书写的风格和模式。我们前面提到，他是伊拉克学派的代表人物。他在书写其代表作《道里邦国志》的时候，就担任着杰贝勒省的邮政局长职务。后来，他升任巴格达以及萨马拉的邮传部长官。宋岘提到："如上所述，9世纪产生了许多标有《道里邦国志》这一共同名称的作品，而伊本·胡尔达兹卜很可能是第一位使用这样名称的作者。他的著作被阿拉伯古典地理学家视为规范，受到了几乎所有利用他的地理学家的称颂。"②这本书的主要部分是由详略不等的对道路的记述构成的，书中的官方资料是他在任职期间获得的国家档案以及一些早期的旅游路线的资料。这部书成为历史地质的重要资料。

以上就是在阿拉伯文化领域促进地理学知识发展的几个主要因素。然而，由于历史条件不同，它们的影响程度各不相同。同样，地理学著作的种类也是多种多样。从伊斯兰黎明时期，阿拉伯人开始重视文化事业，一些与阿拉伯语或阿拉伯文化相关的地理学著作开始出现。这些著作的作者基本上是语言学家和文学家。可以这样说，鼓励这方面著作繁荣发展的第一要素是对先知以及他的随从所生活的阿拉伯半岛的重视，并且重视一切与阿拉伯半岛相关的事物，例如土地、气候、动植物以及当地的人民。同样，这些著作也是研究古代阿拉伯诗歌和语言的媒介。在这一方面，最突出的一本阿拉伯巨著也许是哈希姆·本·穆哈默德·凯子比

---

① ［美］希提：《阿拉伯通史》上册，马坚译，商务印书馆1995年版，第294页。

② ［古阿拉伯］伊本·胡尔达兹卜：《道里邦国志》，宋岘译，中华书局1991年版，第14页。

的著作。伊本·纳迪姆在他的著作《目录》以及雅古特在他的著作《地理学词典》中，均对他有所提及。但遗憾的是，他的著作大部分已轶散，没有流传到今天。他是当时伊斯兰教时期第一个以地理学为主题写作的作家。同样，埃布·宰德写了一本名为《雨》的著作。这部书中有很多关于雨、云、闪电、露珠、火之类的词汇。这时期的地理学写作具有语言文学性的特点，其写作模式一直延续到之后的几个世纪。虽然这些著作并不属于真正的地理学专著，但是它们却为地理学的发展奠定了基础。

小　结

阿拉伯的地理学兴盛于10世纪前后。礼拜的正向规定、"五功"之一朝觐的要求、帝国的扩张、国内外贸易的兴盛、邮政交通的发展、国际关系的发展、人民之间的友好往来，促进了阿拉伯地理学的研究；而翻译运动中的各国书籍为阿拉伯地理学的研究提供了基础，尤其是希腊文化。

我们已经介绍了地理学的发展，并研究和分析了以下两个问题：阿拉伯地理学的定义是什么？阿拉伯地理学产生的原动力是什么？

地理学家阿尔弗雷德·赫特纳在《地理学》一书中说道："所谓阿拉伯地理学，即用阿拉伯文写的穆罕默德教文化范围中的地理学，其代表者绝不是真正的阿拉伯人，乃是波斯人、毛尔人和西班牙人等。"[①]从定义中，我们可以获得两个方面的信息：第一，"阿拉伯人"这个词有了更广泛的意义。它不仅包括有阿拉伯血统的人，还包括那些在政治和文化上受穆斯林统治的人民。他们在日常交流和文学上都使用阿拉伯语。总的来说，这种被同化的文化和生活方式贴上了"穆斯林"的标签。在这种环境下，"阿拉伯和穆斯林"可以互相代替。第二，我们应该把"阿拉伯地理学"定义为"阿拉伯伊斯兰地理学"，因为地理学是阿拉伯伊斯兰文化的一部分。我们为了行文方便，用"阿拉伯文化"或者"伊斯兰文化"来代替"阿拉伯伊

---

① ［德］阿尔弗雷德·赫特纳：《地理学》，王兰生译，商务印书馆2009年版，第52页。

斯兰文化”这一特定用语,实际上它们指的都是后者。纳忠在《阿拉伯通史》中对阿拉伯伊斯兰文化作过科学的概括:“阿拉伯伊斯兰文化乃由三种文化汇合而成:一是阿拉伯人的固有文化;一是伊斯兰教文化;一是波斯、印度、希腊、罗马等外族的文化。”[①]所以,阿拉伯地理学具有阿拉伯伊斯兰文化的特性。从这一方面来理解上述定义就不难了。

有学者把阿拉伯地理学的发展归之于阿拉伯人“智力的觉醒”。阿拉伯人对地理的兴趣主要基于他们所生活的环境。他们从沙漠带来了敏锐的感官、浓厚的好奇心、强烈的求知欲和大量的潜能。无论是为了穿越广袤的沙漠还是出于战争与和平运动的需求,他们对恒星、行星和其他天体的运动以及天气变化都有着实践性的兴趣,并愿意进行仔细的观察。居民为了生活,需要寻找更好更新鲜的草坪,所以不得不一直迁移他们最珍贵的财产——羊群和畜群。在这样不断的迁移中,人们了解了很多关于沙漠动植物的知识。人们通过优美的诗歌、动人的传说和华丽的辞藻把关于部落的历史和居民的物质环境记录下来。毫无疑问,在阿拉伯科学的地理学诞生以前,这些记录有着重要的意义。有些学者把阿拉伯地理学的兴起仅仅看成是希腊著作的翻译,这是不对的。实际上,传递和发展的重要性并不亚于翻译工作本身。

“国家要‘长治久安’,上层建筑要起到维护政权、巩固经济基础的作用,伊斯兰的意识形态要适应新的社会状况。”[②]生产要发展,经济要繁荣,人民要友好交往,对外关系要正确处理,诸如此类,向阿拉伯科学文化提出了迫切的要求,这也成为地理学发展的原动力。“军事扩张和对外交往的需要,推动了地理学的研究;农业的兴旺和海上航行的繁荣,推动了天文地理的发展;政治体制和典章制度的确立,促进了历史地理学的深入;农田水利的兴办和国家税收制度的完善,导致了数理地理学的出

① 纳忠:《阿拉伯通史》,商务印书馆 1997 年版,第 3 页。

② 丁瑞忠:《阿拉伯帝国翻译运动的成因》,《烟台师范学院学报》2002 年第 2 期。

现。"[①]由此可见，阿拉伯人的聪明才智和古老文化的结合，只是促使阿拉伯文化产生的一个重要因素。社会实践的需要才是阿拉伯伊斯兰文化产生和发展的根本原因，也是地理学兴起和发展的根本原因。但是，如果不具备必要的文化基础，阿拉伯地理学的产生和发展也是不可能的，而阿拉伯伊斯兰文化中的各种外来文化是阿拉伯地理学发展的必要的文化基础，特别是希腊文化。

① 黄运发:《略论阿拉伯伊斯兰文化的成因、成就和世界影响》,《西北大学学报》1993 年第2期。

第三章　阿拉伯地理学的分类和重要的地理学家及作品

第一节　阿拉伯地理学的分类

对于地理变革来讲，第二个根本性的革命开始于17世纪，在19世纪后半叶得到了普遍的传播。这就将地理学术界分为了不同的领域或者学科，每一个领域和学科都致力于研究一组特定的相互关联的过程，而且都受到以自身理论框架为基础的学术范式的约束。从希腊开始，学者们不愿意将自己的研究视野约束得很窄。阿拉伯人在中世纪初对于地理并没有设想为一个具有明确界定和划分的科学分支，更不用说是具有特殊意义并与现代地理科学意识相关的学科。回顾阿拉伯地理遗产在历史上所经历的时期，我们清楚地看到，它采用了多种地理记录方式。我们还不能很自然地将这种方式与现代地理术语名称联系在一起，那是因为在古代阿拉伯编者的头脑中地理概念还不是很清晰；就记载年月来说，只在很少的情况下地理是独立的专业；同时，地理术语本身就很少使用。

国内学者对中世纪阿拉伯地理学的分类比较简单。他们把中世纪阿拉伯地理学分为两大类。王有勇在《阿拉伯文献阅读》一书的地理篇中写道："地理学主要研究地球的自然要素和地理人文要素的分布规律和空间关系，大致可以分为自然地理学和人文地理学。阿拔斯王朝时期的地理学没有近现代那么详细的学科分支，它既包括了自然地理学，也包括了人文地理学。"[①]许序雅在《阿拉伯伊斯兰舆地学与历史学》一文中把中古阿拉伯伊斯兰地理学分为描述地理学和精确地理学两大分支。他还提出阿拉伯舆地学概念：所谓舆地学主要指描述地理学以及航海、游记类的文学。阿拉伯伊斯兰舆地学从 8 世纪中叶开始发展起来，9～11 世纪达到顶峰。阿拉伯伊斯兰舆地学对世界的认识，及其在资料收集和考证上的贡献，对于阿拉伯历史观和方法论有很大的影响。[②]《道里邦国志》的翻译者宋岘认为，阿拉伯地理学分为自然地理学与描述地理学。他在前言中写道："受到希腊、伊朗、罗马、印度影响的自然地理学发展的同时，阿拉伯古典地理学还有另一条发展的脉络，其来源可以追溯到比自然地理学形成更早的阿拉伯旅行者们的行记。不管怎么样，由游记发展起来的描述地理学这条脉络似乎更有典型意义。"[③]金宜久在《中世纪阿拉伯世界科学兴衰原因浅析》中提到："通常把知识分为两类。一类是与宗教有关的，以真主启示为核心的传统学科，包括古兰经学、圣训学、教法学、教义学、法理学等宗教学科的知识；一类是世俗的理性学科，包括哲学、物理学、数学、地理学等世俗学科的知识。"[④]但是具体到地理学，他没有提出明确的分支。

笔者认为，国内的学者把中世纪阿拉伯地理学分成两大类的主要依据是，中世纪的阿拉伯地理学并没有明确的分科，有关地理学的真正科学的分科是从 17 世纪开始的，所以中世纪的地理可以分为受到数学传统影响的自然地理学和受到文学传统影响的描述地理学，或者称为"人文地理学"。

国外学者对于中世纪阿拉伯地理学的分类较为详细。《阿拉伯地理文学史》中把阿拉伯地理文学划分为精细的知识与艺术文学知识。他指

---

① 王有勇：《阿拉伯文献阅读》，上海外语教育出版社 2006 年版，第 207 页。

② 参见许序雅：《阿拉伯—伊斯兰舆地学与历史学》，《史学理论研究》1996 年第 4 期。

③ [古阿拉伯]伊本·胡尔达兹卜：《道里邦国志》，宋岘译，中华书局 1991 年版，前言。

④ 金宜久：《中世纪阿拉伯世界科学兴衰原因浅析》，《科学与无神论》2007 年第 2 期。

出:"在弄清建立在严密的逻辑基础上的编辑和了解盛行于中欧的三学科(语法,逻辑学,修辞学)与四学科(算数,几何,天文,音乐)之前,阿拉伯人自己就已经理解了地理学的概念,并依靠在知识的历史发展过程中的个人见解,在编辑知识的过程中把它精确地区分了出来。"这里所说的地理学在阿拉伯人的学科分类中之所以被视为精确学科,是因为它接近于天文学。他在书中指出了几类地理学著作:与旅游故事紧密相关的地理著作,即游记;与宗教义务相关的著作;与天文有关的地理著作;关于制图与道路的著作,10世纪,阿拉伯人开始重视制图学和道路版图等。

地理学家迪亚乌丁·阿拉维所著的《阿拉伯伊斯兰文化百科全书》以及《中世纪伊斯兰文明》的"前言"中提到几种地理学分支名称,分别为:人类地理学、海洋学、制图学、天文地理学、数学地理学、动物地理学、气象学、国家地理学等。

阿拉伯数学和地理学家委员会主席阿里博士所著的《阿拉伯伊斯兰文明》,把中世纪地理学分为三个部分,即国家地理、自然地理、天文地理。国家地理又称"区域地理",包括多种知识信息,其中有关于自然地理的知识,但事实上最重要的知识与古代世界各国的了解相关,或者当下我们将它命名为古代世界的人文地理。自然地理也涉及对气候、水文等方面的研究。至于关于天文学地理的内容,则毫无疑问,阿拉伯穆斯林学者们的书中都反映出受到波斯、印度和希腊的影响,但同时这些书籍也加入了他们在这一领域所取得的伟大的成就作为补充。

国内外学者们对于中世纪阿拉伯地理学的分科没有统一的标准,下面我们分别了解一下主要的地理分类:

一、描述地理学

在受到希腊、伊朗、印度影响的自然地理学发展的同时,阿拉伯古典地理学发展出另一条脉络,这就是阿拉伯自己的描述地理学的发展。描述地理学的来源可以追溯到比自然地理学形成更早的阿拉伯旅行者们的行记。描述地理学产生的初期,曾与教律学、语言学有联系。此外,描述地理学又和自然地理学相互影响，从而产生了一系列混合型的作品。对于阿拉伯古典地理文献来说，由行记发展起来的描述地理学这条脉络似乎更具典型意义，更有特色。正是这条阿拉伯地理学发展线索赋予古典地理学以特殊的阿拉伯特色和风格，人们很难在其他语言文献中找到如此同类的大量叙述。“阿拉伯的描述地理学作品以他们的内容之丰富、材料之博杂而令人赞叹。”[①]每一位地理学研究者都可以从这些内容和材料中寻找到各自需要的材料。

总的来说，阿拉伯古典地理文献侧重于人文地理资料的汇集。这类著作除了对边远地区的情况限于当时的知识水平或出于猎奇心理而采用了不少奇异传闻因而流于荒诞之外，大部分事实记载是翔实可靠的。伊本·胡尔达兹卜被称为“阿拉伯地理学的鼻祖”。他被认为是描述地理学文献撰写的第一位地理学家，奠定了用阿拉伯语撰写地理学著作的风格和模式。他的著作《道里邦国志》被阿拉伯古典地理学家们视为典范，几乎受到所有地理学家的称颂。

二、游记

阿拉伯旅行家们在旅行中直接接触自然与人群并加以记录。他们像搬运工一样把大量的地理、历史、社会、经济等情况提供给有关的学者，以便于他们研究和分析。历史上，不少阿拉伯地理学家和历史学家同时也是大旅行家。他们把考察旅行作为搜集科研素材的主要手段。阿拉伯游记作品对地理学的贡献尤其显著。因为地理学的研究对象是地球上的自然状况和人类生活状况，而旅行家们记录下来的则是在世界各地的见闻。当他们描述国家、省区、城镇、道路，谈论自然、气候、居民分布时，地理学家们可以从中获取重要的资料和信息。各个时期的阿拉伯旅行家们为阿拉伯和伊斯兰地区的研究做出了巨大的贡献。随着伊斯兰教的传播，他们的足迹越走越远，作用也越来越大。

---

① 许序雅：《阿拉伯—伊斯兰舆地学与历史学》，《史学理论研究》1996年第4期。

三、航海文献

虽然与航海有关，但是我们并不能把这一部分和现代的海洋学联系在一起。德国学者认为：

海洋学应属于一般的地球科学，和气象学一样并不列入地理学。但是对于海洋的地理考察也必须努力使之成为一种全面的考察，把对水的考察与对位于它上面的大气、对动植物生活和人类表现的考察结合起来。[①]

在这种情况下，我们研究的航海文献对地理学产生了一定的影响。

中世纪，阿拉伯地理文献的一个重要发展是航海文献和游历记录的创作。这极大地丰富了区域性和描述地理学的阿拉伯文献知识。首要的原因是由于阿拉伯伊斯兰帝国的扩张。其次是由于阿拉伯人商业贸易活动的增加。贸易和探索的动机是由多种因素组成的。例如，去麦加的朝圣之旅、传教士的热情、使者团、官方的远征、商业和贸易。最后一点，也是最重要的一点，即水手的专业性。

早在蒙昧时期之前，阿拉伯人在东部（印度、中国等）和西部（埃及、叙利亚、罗马等）的贸易中就已发挥了媒介作用。他们已经学习和掌握了来自波斯的航海艺术。3～9 世纪，阿拉伯航海家对季风和信风已非常熟悉，他们航海的船只不仅会停留在海岸线，而且会直接从阿拉伯到达印度。他们对在波斯海湾和中国海域间的延伸非常精通，并将这些海域划分为 7 大块，分别赋予名称。同时，他们也会从亚丁航海至东非，直到索菲亚的南部。虽然他们的船只相对于中国的来说是比较小的，但他们可以自由地航行在红海、黑海、地中海、里海，以及大量可航行的包括尼罗河和印度河在内的河流里。印度洋里面有大量的海豚，他们还要进行长时间且危险的航海旅行。

总的来说，评估阿拉伯人探索海上地理学的贡献较为困难，因为他们

---

① ［德］阿尔弗雷德·赫特纳：《地理学》，王兰生译，商务印书馆 2009 年版，第 180 页。

的记录非常少。直到葡萄牙的出现，才打破了阿拉伯航海家在印度洋保持的航海纪录。伊本·马吉德可能被认定为整个早期时期最伟大的阿拉伯航海家。他一生拥有超过 50 年的航海经验，写了 30 本航海笔记。同时，他也是阿拉伯撰写海洋学和航海等书籍的重要作者之一。

四、天文地理学

我们研究天文地理学并不意味着要完全参照阿拉伯科学家命名为“天文学”的知识。因为那些研究都是天文学家的专业，几乎独立于纯粹的地理学研究之外。但是我们要尝试收集最重要的、与地理学有关联的天文成就及观点。据此，我们在研究中把天文地理学知识分为三个方面：关于地球形状及地理运动的定义、确定地球面积容积的方法、从天文学确定地球的位置。

赫瓦尔是天文地理学者中的先驱者。他的书《地球的外貌》被认为是地理学早期最著名的文献之一，对之后的编著者产生了巨大的影响。对此书的内容，研究人员观点不同。一些人认为，它只是托勒密《地理》这本书的译文；另外一些人则认为，这本书的部分内容在很大程度上借鉴了托勒密的《地理》，但也不能将其看作纯粹是托勒密书的译文。赫瓦尔的地域分配方法与托勒密的方法不同，他是用穆斯林在了解托勒密一书之前就已认识的 7 个地域的方式排列的，这种方法天文学界已经变得很普遍。而托勒密在他的书中却列举了 21 个地区。另外，赫瓦尔在他的书中用与托勒密不同的方法分配山、河、海和城市，那是他根据每个地域的特征单独提出的；而托勒密是根据地区提出的。而且他们在不同地点的地理距离方面的描述也不尽相同。

《地理的外貌》一书属于天文学范畴，类似普通的地理学书《星历学》。该书主要包括三大部分：第一部分介绍位置的名称，第二部分介绍经线，第三部分介绍纬线。先是描绘城市，然后依次是山脉、海洋、岛屿、泉眼和河流。通常第一区域始于赤道，最后止于第七区域。同时根据距非洲西海岸零经度线的距离逐次展开描述。书中还包括四个地图集，最重要的是尼罗河地图集,它的源头从赤道南到地中海。

贝鲁尼是多专业的科学家。他的研究包括地理学和其他学科。他的贡献体现在阿拉伯地理遗产的天文地理分类和国家分类上。他是这两个领域的杰出人物。他曾在多本书中讨论天文地理学的问题,最著名的书为《近世纪留下的影响》。在该书的"麦苏欧迪书"一章中,他提出了关于地球上海洋及周围分配的观点,并相信印度洋连着非洲的大西洋,这一观点非常重要。同时,他的天文观点和测量地球及其运动的尝试对后世的贡献也特别大。

事实上,天文学家的贡献体现在无边际的运动地理学上。那些贡献有时非常接近地理学领域,有时只是稍有涉及。总体看,阿拉伯天文学家和地理学家画出天文表格,以此方式确定地理位置。同时研究星球星体的运动并将其与地球现象联系起来,从而形成天文地理学的基础,这是他们为地理学发展做出的巨大贡献。

五、制图学

阿拉伯地理学深受托勒密地理学观点的影响,其中就包括地图学观点。"托勒密认为,地球上已知的一切部分,包括与它有关的一切东西都可以作线条的绘画(地图学)。他把只需描写技能的'地方志'从地理学中区分出来,认为地理学只是用线条和符号就可以应付自如了。"[1]托勒密的观点简而言之就是,他把地理学解释为数理地理学,即只是地图学,这就意味着绘图时必须应用数学(包括投影学)的手段。制图学在近代科学中被归类为数理地理学,是用图形形象地表达地理知识的学问。

阿拉伯地理学者受到托勒密地图学观点的影响,他们最初用"图片""图画""绘图板""绘画板""地理"来表示"地图"。

在中世纪阿拉伯地理学发展之初,地理学者没有多少新的信息,因为他们没有漂洋过海的经历,他们的信息大多来自各种零散的资料,如航海

① [苏]波德纳尔斯基:《古代的地理学》,梁昭锡译,商务印书馆 1986 年版,第 179 页。

日志，商人、水手、旅行家等的口述及前辈的记叙。资料虽然多，但往往只是一些零星的东西。由于当时所得的材料实在太贫乏、太虚泛了，难以独立成图，所以不得不借鉴前人的地图。于是，托勒密的地图就不约而同地成为地理学者们的蓝本，然后，将新得来的材料仅作修改和补充。这样，大量以地图形式表达的地理观纷纷涌现。但这些地理观的提出者无一不成了托勒密的崇拜者，他们的地理观也就成了托勒密地理观的翻版。赫赫有名的花剌子密曾以托勒密的《地理学》为蓝本，编撰了《地形》。花剌子密的著作中附有一张“地形”，这是他和其他 69 位学者在哈里发麦蒙的鼓励下共同制成的一张地图，是伊斯兰教创立以来第一张关于天地的画图。生活在 10 世纪前半期的麦斯欧迪曾参考过这张图。①

六、宇宙结构学

《阿拉伯伊斯兰文明概况》一书中提出了地理学分支的宇宙结构学这一分类。书中写道：“宇宙志”这一专业术语——它是一个很古老的专业术语——包括更广泛意义上的“地理”，但是从地理学的角度来看，它的现实意义是“宇宙”。这一专业术语的使用在中世纪和近代的欧洲已经占据主导地位。相比于描述各个国家的地理而言，这种“地理观”更为重视有着宇宙特性的地球的自然方面。因此，我们把区域性的书籍看作是宇宙结构学的一部分是不正确的，但是我们可以把一部分宇宙结构学方面的书籍看作是国家分类的一部分，其中有对于各国的地理描述。另外，很多概括性质的地理书籍会包含宇宙结构学分类的内容。

事实上，阿拉伯地理学从一开始就非常重视宇宙结构学。或者更确切地说，在它从天文学分类中独立出来以后，这种宇宙结构学的地理研究趋势持续了整个阿拉伯地理学的繁荣时期，并在伊历 7～8 世纪（公历 14～15世纪）的末期成为主导。可以说，宇宙结构学的知识也包括原本的地理学著作中所没有的一个重要的部分。阿拉伯宇宙结构学比较著名的

① 参见［美］希提：《阿拉伯通史》上册，马坚译，商务印书馆 1995 年版，第 348 页。

著作是麦斯欧迪的书籍，如《黄金草原》中的第一部分以及贝鲁尼的著作中关于麦斯欧迪的记述。奇怪的是，在现代地理学分类中并没有宇宙结构学这一分科。一部分阿拉伯作家在概括阿拉伯地理学的书籍时把宇宙结构学分成三个方面的内容，涉及地理学的三个领域：气候学、水文学和地形学领域。

1. 气候学

阿拉伯地理学家对气候进行了一些观察。921 年，巴尔基(al-Balkhi)收集了阿拉伯旅游者们所写的气候特征方面的观察，编写成了第一本《世界气候图集》。[①] 麦斯欧迪曾向南航行至莫桑比克，航行中对季风现象有很详细的描述。在阿拉伯地理学中，关于气候方面的书籍在很大程度上都依附于希腊学者的观点。阿拉伯地理学家相信希腊罗马人在气候学领域所传播的主要原则。他们认为，太阳是地球热量的基本来源。同时，他们也认为，导致地球上不同方向的温度不同的原因是太阳在赤道的偏向，或者更准确地说是太阳光照射到地球上的角度不同。他们采用了罗马人对于地球上不同温度地区的划分，即热带地区位于两回归线之间，南北的寒带地区位于两极地区，温带位于热带和寒带之间。他们还采用了罗马人用经纬度对于温度的划分，认为地球平面是 180 度，赤道以北 90 度，以南 90 度，两极位于南北 90 度的地方，北回归线在北纬 23.5 度，南回归线在南纬 23.5 度。

2. 水文学

阿拉伯作家重视河流与海洋的研究，并深入探讨它们的分类、延伸位置及不同影响。事实上，古代地理学家拥有大量的关于河流海洋的信息，而这些信息在很大程度上是可信赖的，特别是印度洋、地中海及其周围的海域(亚得里亚海和希腊群岛)。地跨亚、欧、非三大洲的阿拉伯伊斯兰帝国的扩张和贸易活动的延伸，使地理学家得以获得众多的海洋信息。

麦斯欧迪在《黄金草原》的第一章中详尽解释了海域的分配和不同的

---

① 参见[美]普雷斯顿·詹姆斯、杰弗雷·马丁:《地理学思想史》，李旭旦译，商务印书馆 1989 年版，第63 页。

水文现象。在另一本书《年代记录》中，他记述了与海水表面彼此连接或分离的相关海域的面积大小。麦斯欧迪强调了当时各国和地区海域的宽广程度，提到了中国、印度、占吉（桑给巴尔和东非海岸的居民）、也门和埃塞俄比亚。但对于哈巴斯海域的了解跟哲学家提到的不同，麦斯欧迪认为它的面积是无界限的。

3. 地貌学

阿拉伯地理学家解答了一些地貌学领域的理论和实践问题。但是，他们的这种解答并不是创造性的，没有为阿拉伯地理学增添新的理论基础；同时，他们的研究思路在很大程度上受到希腊罗马理论的影响。无论如何，他们都坚信，地貌的形成受地形事实、时间因素、岩石作用、天文作用，以及干涸与水分互相作用、侵蚀过程中水流和气候的影响。

在这一领域，贝鲁尼、麦斯欧迪、伊本·西奈都做出了重要的贡献。贝鲁尼是阿拉伯地理学家中研究地貌的佼佼者，他完成了巨著《印度》。书中显示，他非常了解印度的地貌以及构成这一平原地貌的特殊地理原因，并相信这一地区一定曾经是被沉积物掩埋的古老海域。贝鲁尼的观点有其事实根据。他认为，印度南部的周围都曾是以前提到的海洋，那个高耸的山脉则是河流的汇合处。在靠近山脉的附近有一个巨坑，河道非常深邃。其中发现的海洋沙砾可证明地球在古代曾被海洋覆盖。他认识到，他在喜马拉雅山以南冲积物中找到的被自然磨圆的石头具有重大的意义。他指出，石子是在湍流的山泉中滚动中被磨圆的。此外，他还认识到，堆积在山地附近的冲积物颗粒较粗，而离山地越远的冲积物颗粒则越细。他引证了印度人认为潮汐是月亮引起的思想。在书里，他讲到走向南极时，就没有了夜晚的有趣现象，这表明一些探险家在11世纪前就已经航行到很远的地方。

第二节 重要的地理学家及其作品

中世纪阿拉伯地理学发展的研究情况在上一章已作过概述。之前谈过的重要的地理学家及作品本节不再重复，原因是国外研究涉及阿拉伯地理学家的人数实在太多。“仅萨顿的《科学史导论》的前两卷就已涉及510位中世纪阿拉伯科学家，如再加上第三卷和类似的著作，总人数将近千人。”这其中阿拉伯地理学家就达数十位。“拉希德的《阿拉伯科学史百科全书》63卷本涉及的人数也有好几百”，其中地理学家人数上百位。[①]《阿拉伯地理文学史》中介绍的阿拉伯地理学家有125位之多。人数太多，仅仅罗列起来就不胜其烦了。国内研究情况相对说来要简单得多，更容易说得清楚。

从总体上来说，国内涉及阿拉伯地理学的研究是由两类人员来承担的：一般的科学通史研究者和阿拉伯语语言和文化史的研究者。前者应当说是地理学史的内行，后者是阿拉伯学的内行。第一类研究者主要遵循地理学的两本译著：由王兰生翻译的德国地理学家阿尔弗雷德·赫特纳的《地理学》和由李旭旦翻译的美国地理学家普雷斯顿·詹姆斯所著《地理学思想史》。这两本书在国内地理学研究上占有重要地位。大学地理学专业的学生教材是根据这两本著作改编的。这两位作者都对中世纪阿拉伯地理学进行了论述，尽管篇幅不算多，但由于写法紧凑，所提供的相关史料却不少。第二类研究的书籍以阿拉伯伊斯兰文化为方向。在我们收集到的所有涉及阿拉伯地理学的书籍和文章中，它们都肯定了阿拉伯地理学在中世纪的重要地位。国内外的研究者们把眼光不约而同地瞄准了以下5位中世纪堪称一流的阿拉伯地理学家：

一、比鲁尼

比鲁尼（al-Biruni，973～1048或1050），其血统源于波斯，也有人说他是土耳其血统，出生于希瓦，也就是花剌子密（خوارزم）的郊区，逝世于加兹尼。值得一提的是，现在的希瓦在当时的名字是比鲁尼（بيرون），所以“比鲁尼”的命名也就是这么来的。希提说：“他是伊斯兰教在自然科学

① 参见周放：《阿拉伯科学与翻译运动》，上海外国语大学博士论文，2009年，第25页。

的领域中所产生的最富于创造性而且学识最渊博的学者。"[①]他在地理学方面做出了杰出贡献，他关于河流变迁的理论在当时处于世界领先地位。他曾在《印度志》(亦译为《印度考察记》)一书中，指出印度河谷曾是一个盆地，被冲击层淤塞后形成了现在的河谷状态。同样的观点也被应用于阿姆河水流变化的论述之中。他的理论不仅远远超出了当时的研究水平，而且与现代科学的理论也十分接近。

比鲁尼早年生活艰难，辗转奔波于各地，想要寻求一个庇护所，他能在这个庇护所中描写他心灵中的东西。有一些科学史学家认为，他重复不断的旅行为他提供了一个良好的机会，使他能够见到很多地理学、历史学和其他科学中的思想天才大家。比鲁尼在这些科学中都有所建树。

比鲁尼参与了征服印度的战争，这使他有机会学习梵文，因此他能够在其《印度志》一书中准确完整地描述印度的宗教和传统习惯。这本书虽是专门描写印度的，但是比鲁尼也没有忽视地理学、数学和天文等其他科学。他在这书中记录了当时这些科学研究的发展状况，成为后来印度文明研究者们最重要的信息资料来源之一。

比鲁尼在其著作中对印度科学的介绍确实比其他阿拉伯穆斯林科学家们要多，因此他对阿拉伯伊斯兰文明有很大功劳。

比鲁尼非常重视印度地区的降水分布。为此，他做了一个科学实验，其他地方的科学家们从他的这个实验中获益匪浅。毫无疑问，比鲁尼做了一个纯正地道的气候学研究，这些演绎推理也引领着他将所有地方划分为温度带，从而证实了他的地理学研究能力，显示他拥有对地理学的极强敏感度，这是十分难得的。

比鲁尼被一些东方的学者认为是历史上最睿智、聪慧的人，通晓所有知识，精通数学、历史和地理学。他以其聪明机智、足智多谋和他在研究和观察上的惊人能力而流芳百世。

由于比鲁尼对大部分学科分支所作的重要补充，乔治·萨顿[②]将比

① [美]希提:《阿拉伯通史》上册，马坚译，商务印书馆 1995 年版，第 348 页。

② 乔治·萨顿(George Sarton，1884～1956)，比利时科学史家，著有《科学史导论》。

鲁尼活着的那段时间称为“比鲁尼时代”。

比鲁尼文化渊博，通晓与地理学有着密切联系的所有科学。他凭借科学而又精确的研究方法作出清晰的判断，以计算地球地貌和环境。他还利用先进的数学方法来确定穆斯林礼拜时的正向。科学界至今仍有一些与比鲁尼相关的理论和研究领域，如用尺子和圆规不能将一个角均分成三个角；地球分布估计；证实光速超过声速；天上星体运动的研究；确定地球面积和太阳体积，进而确定太阳是宇宙的中心。

雅古特[①]在他的百科全书《文学家辞典》中讲述了关于比鲁尼对知识的渴求的故事。这些故事表明比鲁尼学识渊博。他的天赋和对阅读及著书的爱好激励他埋头于研究和探索。他的手指从未离开过笔和纸，他也从不局限于某一种看法。比鲁尼将他的大部分时间都用来想象和描绘大地万物。

比鲁尼著有很多科学研究作品，其中较著名的有《麦斯欧迪法律书》。这是一本集数学、天文学和地理学大成的百科全书式的书籍，比鲁尼将这本书赠送给磨砺了他的著书热忱的素丹麦斯欧迪·本·穆罕默德·哈兹纳维。牛津图书馆中存留着这本书的古老摹本，编号为516；巴黎国民图书馆中的版本编号为6740；蒂宾根大学图书馆中的版本编号是1613；开罗埃及书籍出版社的版本编号是266。

对于地理学的研究者们而言，比鲁尼的《麦斯欧迪法律书》包含了极其重要的信息资料。比如，他用先进的数学方法确定了印度的经纬度。他认为，赤道是没有纬度的，因为纬度源自赤道，也归于赤道，赤道的地平线超过两极。这段话证明了比鲁尼是一位一流的宇宙学家，有着敏锐而准确的判断能力，而这又归功于他在实践科学中的广泛涉猎。

比鲁尼创造了很多新的科学术语，他在自己的主要作品中运用了这些术语。所以，他对丰富阿拉伯语有着很大的功劳。同样，比鲁尼也避免辞藻华而不实，采取的是完整客观而又公正的科学方法进行研究。

---

① 雅古特(Yaqut,1179～1229)，中世纪阿拉伯著名地理学家、文学史家。

比鲁尼从矿产、农业生产和道路这些方面对经济地理学进行了重要论证，展现了一种客观的科学方法。这种方法使人们能够从这些关键论述中获益。比鲁尼的书介绍了从海水中提炼盐的方法，他被认为是第一个带来基本铅碳酸盐的人。同时，他还能采用与现代方法没有差别的少见的科学方法来制造彩色玻璃。除此之外，他还熟知希腊、印度和波斯的科学成就，高度赞扬了希腊科学家们在地理学领域中的贡献。

比鲁尼是创建数学地理学和天文地理学的阿拉伯穆斯林科学家们的领导者，他奠定了这一领域中科学研究的基础，并将地理学和天文学结合起来研究。当然，比鲁尼在天文地理学方面的成就要比他在描述性地理学方面的研究更为优秀。

伊历 1370 年，苏联科学会出版了一本题为《比鲁尼》的书。这本书中刊登了很多赞扬比鲁尼对人类科学做出贡献的文章。

二、雅古特(ياقوت الحموي)

雅古特(1179～1228)，祖籍东罗马帝国。他是中世纪阿拉伯最伟大的地理学家之一，同时是历史学家和文学史家。他的著作颇丰，以《地名辞典》和《文学家辞典》最为著名。《地名辞典》“集当时地理学之大成”，记述了从新几内亚到大西洋的山川、河流及各国的主要城市、商道和名胜等，被认为是“名副其实的百科全书”①。

雅古特·哈姆威出生在大约伊历 574 年的罗马，伊历 626 年死于阿勒颇。他从小被巴格达一个著名的商人买走，在浓郁的伊斯兰环境中长大。哈姆威将军教他阿拉伯语和法学及算术，直到他成才。随后他在巴格达和其他城市阅读了大量的书籍，从而开始其学习和研究地理知识的求知道路。

雅古特在《地名辞典》一书的前言中说道：“这本书中有国家、山脉、山谷、山涧、农村、商店、家园、海洋、河流的名字。我认为对此是义务，以及

① 葛铁鹰：《阿拉伯古籍中的中国(二)》，《阿拉伯世界》2002 年第 4 期。

能力的委派,这是一本崇高的书,于是我们才知道更伟大的思想。”①

哈尔吉·萨尔特在《走进文化史》一书中说:“雅古特编写了独特的地理字典并将其命名为《国家辞典》,它是地理学的一本书,没有语言可以与之相比的充满知识的字典。”②伊格内修斯在《阿拉伯地理学文化史》第一部分中说:“雅古特的《国家辞典》是最好的分类图书。它集合了描述性天文地理学的图片和文字,同时反映了地理历史,此外还有宗教、文化、民族学(人类的血统性别学)和大众文化和艺术文化。因此这本可信赖的地理学字典得以流传至今。”③

雅古特对于地理学的研究非常认真,甚至有些爱钻牛角尖。他在“序言”中说:

> 人们经常将原本是河谷的地方误认为山,山误认为沙漠,沙漠误认为河流,河流误认为村庄,村庄误认为山道,山道误认为台地,台地误认为平地,平地误认为草地,草地误认为沼泽,沼泽误认为硬地,硬地误认为盐碱地,盐碱地误认为凝灰岩地,凝灰岩地误认为平川地,平川地误认为坑洼地,或者将西误认为东,北误认为南,或者将杜哈凯读作杜赫凯,将胡宰艾读作胡兹艾……④

因此,他写这本书的目的就是“世界缺少一本能够注明一个地方的准确读音和写法的书”。

> 他不仅从大的方面介绍国家、城市、名山以及河流,同时,他还注意从小的方面观察研究,不放过任何一个能够找到资料印证或自己实地考察的小村庄、山谷、溪流。在他的《地名辞典》中,以布尔盖开头的地名有99个,以“劳戴”开头的有140个,最多的是以“戴伊尔”开头的,达到190个。此外,书中类似孔雀城、凤凰坡、乌鸦山、魔鬼谷、情人河等非常有意思的地名俯拾皆是。对一个个不起眼或者不

① [古阿拉伯]雅古特:《地名辞典》,骑士出版社2010年版,前言。

② [埃]哈尔吉·萨尔特:《走进文化史》,知识出版社1987年版,第77页。

③ [埃]伊格内修斯:《阿拉伯地理文化史》,文化出版社1981年版,第179页。

④ 盖双:《买回来的大师——漫谈雅古特和他的〈地名辞典〉》,《阿拉伯世界》2002年第4期。

为人所知或已经消失的小地方的记述，都是他抽丝拨茧、溯宗导源的结果，从某种意义上讲，其史料价值不亚于那些有关历史名城的记述。[①]

中国的读者对雅古特更加熟悉，是因为他的《地名辞典》中有专门的“中国”条目。费琅把《地名辞典》的中国部分的内容加以翻译、整理，集合在他的《阿拉伯波斯突厥人东方文献辑著》一书中。《地名辞典》中的“中国”条目总计一万多字。全书除去专讲中国的词条外，提到“中国”至少在110次以上。[②]

三、伊本·胡尔达兹卜(ابن خرداذبه)

伊本·胡尔达兹卜（又译作“伊本·胡尔达兹比赫”，820～912），来自呼罗珊地区，但成长于巴格达。他是阿拉伯伊斯兰文明史上的大地理学家之一，在大部分社会科学分支中都有很大的成就。他被公认为阿拉伯地理学的鼻祖，创立了用阿拉伯语撰写地理学文献的风格和模式。“胡尔达兹卜”一词的波斯语意思是“太阳的无上赏赐”“无上太阳的创造”。伊本·胡尔达兹卜原是一名波斯血统的袄教徒，后皈依伊斯兰教，曾在巴格达受过良好教育，一度担任伊朗吉巴勒省邮政和驿站长官，后升为巴格达及萨马拉的邮传部长官。从伊本·纳迪姆的著作《索引》中的部分引文，人们可以知道，伊本·胡尔达兹卜的著作至少有9部，几乎全是有关阿拉伯文学的作品。此外，他还曾写过一部史书——《历史》。据麦斯欧迪说，其内容是伊斯兰教以前诸民族的沿革。

伊本·胡尔达兹卜的父亲曾是塔巴里斯坦的统治者，但也是一位科学爱好者之一。伊本·胡尔达兹卜生在知识之家。社会学家所进行的现代研究证实了环境对一个人的成长有着很大的影响。

伊本·胡尔达兹卜获得了哈里发穆尔台米德的敬重、赏识和宠幸，所以穆尔台米德让其负责波斯的邮政，而这个职位只能由哈里发信任的人

① 盖双：《买回来的大师——漫谈雅古特和他的〈地名辞典〉》，《阿拉伯世界》2002年第4期。

② 参见葛铁鹰：《阿拉伯古籍中的中国(二)》，《阿拉伯世界》2002年第4期。

担任。哈里发穆尔台米德对他的重视源于他的科学地位、渊博知识和闪耀的智慧。毫无疑问，他出身于有着文化底蕴的古老家族，是哈里发穆尔台米德身边最近的人之一，也是他的私人朋友。与统治者的紧密关系使他获益颇多。他得到了很多官方资料，其作品因为包含着详细可信的资料而成为阿拉伯穆斯林地理学家们传承的重要书目。

伊本·胡尔达兹卜十分注重研究分类学，因为阿拉伯人和穆斯林都很重视这一领域，所以他编写了一本分类学的书，名为《分类书》。这本书包含了很多在阿拉伯伊斯兰文明中发挥了重要作用的分类学的准确详尽的资料。他也特别重视历史研究。他撰写的《波斯世家集》是波斯家谱研究者们所依靠的最重要来源之一。

伊本·胡尔达兹卜利用他从托勒密的《天文大成》中得到的大部分地理资料，写成了地理学研究者们的重要参考书之一——《道里邦国志》。这本书记录了他自己在这个领域长期研究中所得到的珍贵地理资料。值得一提的是，伊本·胡尔达兹卜很可能是第一个使用“道里邦国志”这一术语的人。他之后的大部分阿拉伯穆斯林地理学家们也使用了这一术语。

《道里邦国志》可以说是地理学史上的一部百科全书。伊本·胡尔达兹卜在此书中提供了大量有关当时的幅员辽阔的阿拔斯帝国的完整资料，尤其是关于地区间距离、贸易和邮政往来的资料。他的著作被阿拉伯古典地理学家们视为典范，受到了几乎所有参阅它的地理学家的称颂。伊本·胡尔达兹卜虽然不是流传至今的描述地理学作品最早的地理学著作者，但《道里邦国志》却是迄今为止最早的专业地理学著作。①

简而言之，伊本·胡尔达兹卜集地理学、历史学和文学于一身。他既是阿拉伯伊斯兰文明史上的大科学家，也是地理学中出色的阿拉伯穆斯林科学家之一。他在地理学领域所达到的成就在当时无人可超越，得到了与他同时代的人及世界上所有地理学家的赞赏和敬重，其著作《道里邦国志》至今仍是地理科学研究者和学习者们的重要参考书。

---

① 参见［古阿拉伯］伊本·胡尔达兹卜：《道里邦国志》，宋岘译，中华书局1991年版，第13页。

四、麦斯欧迪(المسعودي)

麦斯欧迪(又译作“马苏第”,912～956),出生在巴格达。他不仅是中世纪最著名的旅行家之一,而且是百科全书的编撰者、地理学家、历史学家。他被称为“阿拉伯的希罗多德”,为后人留下两本不朽的著作——《黄金草原》与《珠玑宝藏》(也称《黄金草原》)和《提醒与监督》。萨尔顿曾热忱地宣告:“人类主要的任务,已经由穆斯林们完成了。最伟大的哲学家法拉比,是穆斯林;最伟大的数学家艾布·卡米勒和伊本·息南,是穆斯林;最伟大的地理学家和百科全书家麦斯欧迪,是穆斯林;最伟大的历史学家泰伯里,是穆斯林。”①

他游遍了大部分伊斯兰国家,在漫漫旅行中知道了很多新鲜事物,并对所见所闻都作了详细记录。为此,他的著作不仅成为地理学领域的百科全书,还涉及了其他多个学科。

麦斯欧迪在地理、历史学科的很多领域都有犀利且具批判性的见解,为其他研究者以及后来的研究人员提供了借鉴。麦斯欧迪尽其所能地解释了涨潮退潮现象及其他一些自然现象,如人平洋季风及起风时间。他非常重视地质研究,因此他的大部分著作都涉及地质知识。但是遗憾的是,被认为是他的地质研究精髓之作的作品早已遗失,流传下来的只是冰山一角。麦斯欧迪没有担任过政府职务,而是全身心地投入到研究中去,成为那个时代的精英、学者。

学者们在读麦斯欧迪的《黄金草原》一书时,会为书中所写的矿物质的种类之多,为作者对地理、历史知识的造诣之深而惊叹。麦斯欧迪没有忘记对本书编纂有过帮助的典籍,而是特意提及了这些书的作者并对他们表示感激,其中有伊本·盖提巴、塔布拉、索里,还有盖达卖·本·加阿法。

麦斯欧迪是一位出色的批评家。他的批判才能体现在对贾黑扎

① [美]希提:《阿拉伯通史》上册,马坚译,商务印书馆1995年版,第355页。

(جاحظ)的一本书的评价上。但另一方面,麦斯欧迪同样感谢了贾黑扎书中提供的有关当地人生活状况的资料。可见,麦斯欧迪不仅学识渊博,而且品格高尚。麦斯欧迪在同胞心目中是一个诚实的人,尽管他名扬海外,但经常提及他的家乡巴格达,为他自己以及他的故乡而骄傲。麦斯欧迪的书以原始、翔实、可信而闻名,为此现代很多地理历史方面的学者对他冠之多个佳名以凸显他在学界的地位,其中包括法国历史学家欧内斯特·勒南。

麦斯欧迪的风格区别于他的两位老师:塔布拉和雅古比。前者专注历史,后者则专注历史人物。麦斯欧迪集两位老师的风格于一体,并加入了自己的特色。他侧重于历史话题、经验总结和历史分析,详细地分析了历史事件发生的因素,并对此作出了建设性的评论。麦斯欧迪的《黄金草原》一书曾经而且现在仍然为地理研究提供丰富而有益的材料。他游历了印度、大西洋、红海和里海的大多数国家,而且极有可能去过中国和马来群岛。他将沿途的所见所闻都记录在了这本书中。

在麦斯欧迪的现存作品中,地理方面的素材是相当可观的。他提出了地理的分支,包括物理学、数学、人类学、描述学等。我们不可能全面展现麦斯欧迪地理知识的来源,也不可能完全合理地甄别其作品中的素材。因此,我们只是采纳他一部分作品的来源,特别是古希腊和阿拉伯天文学家和地理学家的知识,这将有助于展示他的地理概念和信息。

对麦斯欧迪的知识来源的研究显示,他的作品一方面来源于各门学科的作品,另一方面,他收集和补充他人旅行的材料。前面的来源是理论上的,后面的则是实践上的。

他的理论来源包含了古希腊和阿拉伯的天文学家和地理学家的著作、历史记载、传奇逸闻、当时流行的观念,以及阿拉伯人的诗歌和一些古希腊的药理书籍。

1. 古希腊天文学家和地理学家的影响

托勒密的观点:托勒密,伟大的古希腊地理学家。他的观点构成了麦斯欧迪地理知识的重要来源。麦斯欧迪很熟悉托勒密的理论,不时提起他的观点和发现，特别是在物理学和数学地理上。麦斯欧迪在理论和实践中受托勒密的影响最深。前期，他广泛使用托勒密的作品；后期，他以托勒密的假设为依据，完成了广泛的游历。

在托勒密的地理和天文学作品中，麦斯欧迪特别熟悉《地理》和《天文大成》以及托勒密勾勒的世界地图。托密勒的地理观体现在麦斯欧迪著作中的有以下内容：

(1)地球的形状、周长和直径。在《天文大成》中，托勒密提出的观点为海平面必须是弯的，理由是当一艘船接近陆地，海岸和陆上物体会逐渐变得越来越清晰，这是他自己在里海和地中海观察到的现象，说明他已经有了地球球面的概念。麦斯欧迪通过阿拉伯天文学家对陆地长度进行大量测量的数据以及托密勒理论，运用“$66^{2/3}$平方米”方式，得出地球周长为24000英里、直径为7667英米的理论。

(2)三大岛屿组成希腊的划分。虽然麦斯欧迪参照托密勒的理论，提及将岛屿划分为三部分：欧洲、亚洲、非洲，但是他似乎并不赞同。

(3)气候。对于希腊将北半球划分为7种气候的理论，麦斯欧迪是非常熟悉的，并且将它标画在了托密勒的地图上。但是这也很难说他同意这样的划分，他好像更喜欢波斯方式对气候系统的划分。

(4)海域。托密勒基于古典文献对海域这门学科进行记述，也参考了阿拉伯天文学家的观察和发现，但是他知道这些记载带有很大的局限性，如长度的测量和海域的范围很少是规则的或近似的。麦斯欧迪利用自己在海上航行多年的有利条件，进行仔细观察和测算，认为自己得到的信息更加准确，并对获得了其他人无法掌握的知识引以为豪，展示了麦斯欧迪的研究思路与前人的不同之处和他勘察地理方式的独立性。

麦斯欧迪并未局限在托密勒的地理概念中，他知道托密勒海域学说没有考虑到有人居住的岛屿，深信地球被海洋所包围。另外，他提出了托密勒所不知的南半球也存在岛屿的观点。

2. 阿拉伯天文学家的影响

大量麦斯欧迪的地理学著作保存在古代天文学文献之中。这些文献包含了近两个世纪阿拉伯天文学家在理论和实践方面的调查,包括大量直接或间接涉及天文学地理问题的论述。

麦斯欧迪天文学说的地理素材源自于对地球的认识,具体如下:

(1)地球。他把地球划分为东、南、西、北四个半球,把人类分为黑、白两种。这种划分是基于人类生活的岛屿和陆地相对的太阳位置,以及居住在那里的人们的肤色和特征而形成的概念。这其实是早期阿拉伯天文学家提出的观点。

(2)地球光滑的表面。虽然麦斯欧迪深信地球是圆的,但是他没有认识到地球表面与陆地高度之间的落差。他提出,东边的陆地高度超出了地球的穹顶,而西边的陆地却比地球的穹顶要低,就像是波斯地势比伊拉克要高很多,而伊拉克地势又比叙利亚高很多一样。但是他不能理解的是,陆地东边比西边高很多是由地球光滑的表面造成的。尽管如此,他的理论至少取代了原始的模糊地理概念。

(3)纬度和经度。从他归类的对纬度和经度的描述都是相同来源中可以发现,大量的城镇都处在类似的气候中,大概都在相同的纬度上。他由此提出了一个错误的结论,即处在某一类似气候的所有城镇都位于同一个纬度模式。这足以体现出麦斯欧迪天文学知识的限制性。

3. 波斯的影响

麦斯欧迪对某些波斯的观点格外关注。他在其著作中采纳了波斯学者提出的将全球气候划分为 7 个区域“Kishwars”,并以此展开相关论述。

4. 阿拉伯地理学家的影响

麦斯欧迪地理学知识的一个重要来源是当时地理学领域的一些重要文献。这些文献是 9 世纪阿拉伯学者在该领域研究的成果。至麦斯欧迪所处时代及后一个世纪(即 10 世纪和 11 世纪),阿拉伯地理学达到了学术顶峰。J. H. 克拉姆称这段时期为“穆罕默德地理学古典时期”。麦斯欧迪从这些局部性和描述性的阿拉伯地理学作品中选用了可靠的地理素材数据。但是,他没有把这些看成是权威性的或是完全是可信的,因为文献中存在着不充分或者是多余的信息,而这些信息并不是通过来实践观察和经历得来的。这就是麦斯欧迪对这些作家的著作进行批判的主要原因。

五、苏莱曼·塔吉尔(سليمان التاجر)

我们对苏莱曼·塔吉尔的生平了解不多,只知道他是伊历3世纪的阿拉伯伊斯兰大航海家之一。流行的说法是他记录了伊历236年自己的一次著名旅行,归来后撰写行纪,完成于851年,称为《苏莱曼东游记》,阿布·宰德·西拉菲随后加以增补。自18世纪以来,《苏莱曼东游记》就深受西方学者的重视。20世纪初,中国学者张星烺曾提到此书,其作品《中西交通史料汇编》第3册摘录了其中的若干章节。这本书的阿拉伯语原名叫《历史的锁链》。20世纪30年代时,刘半农根据费琅法译本翻译成汉语,书名改为《苏莱曼东游记》。1983年,穆根来、汶江、黄倬汉又根据索瓦杰的法译本翻译成汉语,书名为《中国印度见闻录》。

穆哈塔尔·卡迪在他的《伊斯兰文明对西方文明的影响》一书中提到:"伊历236年苏莱曼·塔吉尔从阿拉伯海的塞义拉夫开始航行,当时那里的中国船只很多,他跨过了印度洋抵达中国海岸,写下他的旅行过程。"①

侯赛因·福兹在他的《古辛巴达传》一书中补充道:"苏莱曼·塔吉尔的行记包含了有关印度洋和中国海的极为重要的知识,这趟旅行被视为阿拉伯伊斯兰航海家们在伊历3世纪所进行的跨印度洋的最重要的旅行之一。"

毫无疑问的是,苏莱曼·塔吉尔的旅行价值远胜于其他类似的旅行。因为它包含了关于连接阿拉伯伊斯兰国家和中国、印度的海上通路的真实原始的信息资料,因此苏莱曼本人和地理学家们都很重视对这次旅行的记载。

苏莱曼在他的旅行记录中,提到了阿拉伯伊斯兰国家和中国的外交

① [埃]穆哈塔尔·卡迪:《伊斯兰文明对西方文明的影响》,骑士出版社1997年版,第277页。

和贸易关系，当时的中阿贸易往来在伊历3世纪十分繁荣。

扎基·侯赛因在《中世纪的旅行》一书中评价道："苏莱曼的旅行给这一领域的研究者们提供了关于东方国家的商路、习惯、社会经济制度、工业产品、农作物、气候和地形的必要知识。"

苏莱曼特别重视对航海有很大影响的气候和风。他在《苏莱曼东游记》中对此作了详细的监测记录，并讲述如何在航海中科学地使用指南针和星盘。

《苏莱曼东游记》一书介绍了风的规律、飓风、海浪，还介绍了需要避开的海路的信息；对中国的茶叶以及中国人如何做生意也有所提及。

伊格内修斯在《阿拉伯地理文学史》一书中描述了苏莱曼的旅行。苏莱曼以商业贸易为目的，曾多次抵达印度和中国。他详细讲述了自己的旅行过程，此后加里布埃尔·弗兰根据当时的地图重走了这条航线。这条航线被认为是阿拉伯商人和波斯商人前往中国的最佳路线。此外，他还对行程所经过的海岸、岛屿、港口、城市及其居民、农商产品作了生动的描述。

总之，当时的航海家苏莱曼已经能够以一种新的方式来描述从塞义拉夫（巴士拉湾东岸中部的一所城市）到中国的航海旅行，既不夸大其辞，也没有词不达意之处。因此，这次旅行记录成为阿拉伯伊斯兰世界航海学科名副其实的第一手资料。

航海家苏莱曼以科学的方式描述海洋以及海面上的飓风，这不仅彰显了他在航海领域渊博的知识，而且说明他在地理、历史等领域具有深厚造诣。

他认识到，一年中的某些季节印度洋海水汹涌澎湃，所以他制订了一份印度洋航海时间表。鉴于此，阿拉伯穆斯林航海家公认他为当时印度洋和中国海的航海权威。

航海家苏莱曼以其生动的描写和精练的文风闻名于世，东西方学者争相研究他的航海旅行记载，由此推动了阿拉伯航海学的发展，并推翻了西方人的谬见，即他们认为阿拉伯人对海洋知之甚少。

小 结

本章中，我们首先对中世纪阿拉伯地理学进行分类。其实，对于地理变革来讲，第二个根本性的革命开始于17世纪，那时起才真正将地理学术界开始分为不同的领域或者学科。阿拉伯人在中世纪初对于地理并没有设想为一个具有明确界定和划分的科学分支，更不用说具有特殊意义，并与现代地理科学知识相关的学科。国内学者按照“文理科”的原则把中世纪阿拉伯地理学分为两类：描述地理学与自然地理学，或者称为“人文地理学”与“自然地理学”。国外学者对于中世纪阿拉伯地理学的分类较为详细，分科较多，更接近近代地理学的分科。我们根据阿拉伯地理学对地理思想史上众多领域的补充，把阿拉伯地理学大体可以分为三类，即国家领域、自然领域和天文领域。

中世纪阿拉伯地理学家众多。我们在第二节中用五位地理学家举例。阿拉伯地理学家为揭示地理学科理论做出了巨大努力，从而使他们成为了地理学思想运动的先驱者，他们为这一科学领域做了准确和必要的补充。曾经有一些怀疑性的说法，称阿拉伯和伊斯兰的智慧是文学和法学的智慧，而阿拉伯和穆斯林学者们表现突出的应用科学和理论科学只是对古希腊、印度、波斯及其他国家成果的逐字翻译。阿拉伯穆斯林学者们的补充研究有力地驳斥了这些说法。

当几乎所有的欧洲国家都处于“文明黑暗”时期时，阿拉伯和伊斯兰学者们举起了地理思想的火炬。他们将所有古希腊、印度和波斯学者的成就翻译成阿拉伯语，并剔除其中与地理学无关的神话和幻想。这当然是因为阿拉伯和穆斯林学者们深信，地理知识是从一个民族传播到另一民族的，而每个民族的功绩就是在这一领域增加新的知识 、事实和理论。

在地理学的研究中，阿拉伯和穆斯林学者们依靠的是仔细观察、航行经验、精细测量、实地考察和可信的参考资料。他们对很多古希腊、印度和波斯的错误理论产生怀疑并进行修正。为此，他们开创了思考和研究地理学的新的科学方法。

第四章　中世纪阿拉伯地理学的特点

第一节　中世纪阿拉伯历史学与地理学的关系

中世纪阿拉伯地理学与历史学之间密不可分的关系主要体现在两个方面：一是许多地理学家本身也是历史学家；二是文献著作“你中有我，我中有你”。

智慧宫的管理人穆罕默德·本·穆萨·花剌子密从未忽视历史学，而是给予历史学极大的重视，因为历史学是确定不同文化路径的科学。伊斯玛仪·巴夏·巴格达迪在他的《知晓者的馈赠：编者们的名字和著者们的影响》一书中提到，花剌子密写了一本很重要的历史学的书，叫作《历史书》。

花剌子密是地理学中举足轻重的人物。他对托勒密的《天文大全》一书作了摘要，将其命名为《信德及印度天文表》，因为这本书不仅包含了地理学的知识，而且包含了天文学的独一无二的信息和内容。同样，花剌子密还以托勒密的《地理学》一书为基础，编写了他的著作《地形学》，详细讲述了世界上的山川、城市和道路。此外，书中还附有一张关于天空和地球的图画。花剌子密的《地形学》是阿拉伯地理学者们从中获取地理学领域信息的重要参考书。

麦斯欧迪是著名的旅行家、历史学家，他的足迹遍及阿拉伯半岛、中亚、印度、锡兰等。在旅途中，麦斯欧迪考察了各地的历史、地理、宗教、民俗。“他是阿拉伯史学纪实本末体例的开创者，他的主要历史方面的著作是三十卷的《历代史》。”[①]

关于地理和历史的关系，张广达在《出土文书与穆斯林地理著作对研究中亚历史地理的意义》一文中指出：“的确，阿拉伯、波斯、突厥的地理文献既包括地理资料本身，又包括许多历史资料，有如许多穆斯林史学著作中也包括地理篇章一样。”[②]杨克礼在《伊斯兰史学概观》中提到：“史学与各门宗教学科、人文学科及自然科学交替发展，相互渗透。”[③]文中把游记包括在了伊斯兰史学的丰硕成果当中。许序雅在《阿拉伯伊斯兰舆地学与历史学》中提到：“阿拉伯伊斯兰舆地文献既包括地理资料本身，又包含大量翔实的历史资料。这些地理文献中有许多也是历史文献，只是采用地理学、行记的写作体裁而已。这成为中古阿拉伯历史学的一大特色。”[④]他同时提到，地理学文献弥补了历史文献的不足。“首先，阿拉伯舆地文献扩大了历史研究的职能，把经济、行政管理、商业贸易、民族分布和迁徙、山川物产、风土人情、社会习俗、文化交流等都列入了记述范畴，把历史记述的对象推及人类生活的各个方面，使历史记述在宗教和教育的职能之外，又具备了记录、认知、服务等职能。这些文献开创了一种新的写作体例——记叙体。伊斯兰舆地学者用这种体例，记录了许多正史著作不曾记载的史实和资料，引导人们去认知伊斯兰世界和异教世界，了解大千世界的各个层面的知识。”[⑤]该文中所提到的舆地学一直被认为是历史学的重要部分。

赵军利在《中世纪阿拉伯历史研究方法》一文中也对上述“记叙体”有

① 钱志和、钱黎勤：《中世纪的阿拉伯史学及其特点初探》，《宁夏大学学报》（人文社会科学版）2000 年第 1 期。

② 张广达：《出土文书与穆斯林地理著作对于研究中亚历史地理的意义（下）》，《新疆大学学报》（哲学人文社会科学版）1984 年第 2 期。

③ 杨克礼：《历史演进的轨迹：伊斯兰史学概观》，《中国穆斯林》1994 年第 4 期。

④ 许序雅：《阿拉伯——伊斯兰舆地学与历史学》，《史学理论研究》1996 年第 4 期。

⑤ 许序雅：《阿拉伯——伊斯兰舆地学与历史学》，《史学理论研究》1996 年第 4 期。

所描述。他提到："学者们将沿途所见所闻、各地风情习俗、地理概况详加记载，导致了一种新的体裁——历史地理著作的出现。马斯欧迪（麦斯欧迪）的《黄金草原》便是这种体裁的典型范例。"[①]

伊斯泰赫里出生于波斯，他热爱地理学和历史学。伊斯泰赫的代表作《省道图志》（也被译为《列国道路志》）中包含许多历史资料。雅古特的《地理辞典》是一部百科全书，既是地理学的集大成之作，也为历史学和自然科学提供了众多宝贵的资料。因此，中世纪阿拉伯地理学和历史学的关系密不可分。

同样，"阿拉伯正史局限于宗教和教育的职能，记述内容多为政治史。阿拉伯史地著作则扩大了历史职能和范围，它涉及经济、行政管理、商贸、民族分布和迁徙、风土人情、文化交流等，使人们视野扩大"[②]。阿拉伯地理学涉及的地理范围超过了伊斯兰世界。

第二节　中世纪阿拉伯地理学的资料来源和收集方法

9世纪时，阿拉伯地理学开始发展，一些重要的地理学著作开始出现。这些著作吸收了各个方面的资料和信息，资料来源广泛。如贝都因人的诗歌、悬诗、《古兰经》和圣训中的条目、8世纪以来阿拉伯辞书字典里的地名条目、波斯地理文献、印度地质以及天文测量书籍、希腊以及罗马绘制的地图等等，都是阿拉伯地理文献的取材资源。另外，这个时期的阿拉伯地理学还积极吸收实践中得来的各种资料，如旅行者和朝觐者的行记、税收档案、邮政道路指南，从商人、远游者那里打听来的关于日常生活、居住地情况的信息等。

总体来说，中世纪阿拉伯地理学的资料来源十分广泛。重要的来源：(1)阿拉伯古代诗歌。阿拉伯古代诗歌中常常赞美一些贝都因人中的有

① 赵军利：《中世纪阿拉伯历史研究方法》，《史学理论研究》1992年第4期。

② 钱志和、钱黎勤：《中世纪的阿拉伯史学及其特点初探》，《宁夏大学学报》（人文社会科学版）2000年第1期。

名人士和贝都因的有名地区。(2)阿拉伯语言学家。因为语言学家和地理学家之间有着坚实的联系，这一点在阿拉伯词典中显露无遗。(3)《古兰经》和圣训。这些著作都为天文地理学和描述性地理学提供了很多信息。(4)印度人的故事和传说。这些故事中含有很多有价值的地理信息资料。(5)波斯、埃及、腓尼基、希腊、罗马及其他地理知识来源。(6)旅行。阿拉伯学者们尝试着通过旅行去了解各地的道路情况。

阿拉伯地理学家运用“亲自考察”(Al-mu'ayenah المعيّنة)原则去各地收集第一手的资料。圣训学派是最早实施“亲自考察”的，而阿拉伯地理学学者们将其发扬光大了。“当时语言学家的工作只是记录从阿拉伯人那里听到的一切。记录的最主要途径是学术旅行。阿拉伯人到伊拉克去，或者是伊拉克的学者到沙漠中去求教，语言学家将直接或间接听到的材料进行整理归纳。”[①]阿拉伯学者们在地理学领域中依靠实地旅行来获得不可估价的个人经验。通过旅行，他们了解了地球上广阔的地区，如赤道、极地等。

伊斯兰教鼓励通过游历来求取生计和传播正教。伊玛目莎菲说：“去旅行吧，你就会发现你所远离的报酬；去劳作吧，美食就在辛勤的劳作里，我认为停滞使水腐坏，流动才会复原，不动则不复原，如果太阳一直停在苍穹中，那么人们就没有外族人和阿拉伯人之分。”[②]

阿拉伯地理学家们在地理学中不仅仅满足于口耳相传，还依靠实地经验和观察使用地图来进行解释说明。他们从所交往国家的贸易联系中获益。因此，总的来说，他们在地理学这一领域有了更广泛的认识。

雅古比在《列国志》一书的“序言”中写道：

> 我在年轻时期用尽脑力专心去了解各国信息和地区以及地区之间的距离，因为我在盛年时期四处旅行在外游历，当我看到那些国家的人时，我就向他打听他的国家和城市，他要是向我提到了他的住处

---

① ［埃］艾哈迈德·爱敏：《阿拉伯—伊斯兰文化史》第 2 册，纳忠等译，商务印书馆 1982 年版，第 277 页。

② ［埃］穆哈塔尔·卡迪：《伊斯兰文明对西方文明的影响》，骑士出版社 1997 年版，第 150 页。

和所在地，我就会向他询问那个地区，问他那里种什么，那里的居民是阿拉伯人还是外邦人，人民都喝些什么，甚至还向他打听他们的口音、宗教、文章和战胜/统治他们的人，以及那个地方有多远，附近都有哪些地方，有的人我相信他是诚实的，他告诉我一些事情，我会自己去游历，以此来证实他说的那些。我向一群又一群人问问题，直到我问到了很多，了解他们是东方人还是西方人。我写下他们(告诉我)的信息，讲述他们的故事，还谈到是哪位哈里发或亲王征服和统治了一个个地区和城市，还讲到了土地税和他们财富的增加。我仍然花很长时间来写下这些信息，编著这本书。我把每条属于这个地区的信息和我从各地的人们那里听来的确切的信息都补充到我的理解和知识之中。我知道万物是无极的，而人类也达不到这个尽头，它不是必须完整的教法，它没有宗教(在其中)，只有当(你)彻底了解它时，它才能完整。[①]

麦斯欧迪也是实地考察原则的实践者。他出生于巴格达，一生爱好学问和学术旅行，足迹遍及巴勒斯坦、叙利亚、伊朗、亚美尼亚、西班牙、印度、锡兰、东南亚、埃及、马达加斯加和桑给巴尔等地。据说，他还曾到过中国。每到一地，他必访寻历史遗迹，考察当地风俗民情，搜罗有关旧闻轶事，实地考察和校订史料的正确性。在《黄金草原》中，他不仅引证前人世代因袭的一百多部史料传述，更热衷于记录自己亲眼目睹、实地考察的直接经验，以大量阅读、深入的分析对所引证的史料进行考订。这使记述内容翔实、可信，为人们留下一幅色彩缤纷的历史画卷。[②]

阿拉伯地理学家们所进行的环球旅行和所记录的旅行报告，不仅具有文学性，而且具有科学性。这些报告包含了很多他们所游历国家和地区的经济、政治、建筑、风俗、人口数目、社会生活和科学生活各方面的有价值的信息资料。

---

① [埃]艾哈迈德·爱敏:《阿拉伯—伊斯兰文化史》第2册，纳忠等译，商务印书馆1982～1999年版，第91页。

② 参见许序雅:《阿拉伯—伊斯兰舆地学与历史学》，《史学理论研究》1996年第4期。

能够提供素材的还有其他旅行家们所进行的一些旅行和游历。这些旅行包含着对文学和地理学研究者而言有益的信息资料。阿拉伯地理学家们并未忽视这一方面,而是很好地利用了它。

在中世纪时期,对于西方地理学家来说,非洲是未知的,他们只对非洲北岸有所了解,而阿拉伯地理学家们则详细研究了这个大洲,并从非洲居民的农业和动物两个方面的考察实践中获益。即使是气候的严酷和非洲的森林也未能阻拦他们的研究热情。之后的欧洲地理学家们在编著的书籍中便参考了阿拉伯地理学家们所写的关于非洲、印度洋及其他地区的新内容。

非常遗憾的是,西方科学家们始终认为,阿拉伯地理学家们只是在陆地、沙漠和道路三个方面的地理知识中做出了贡献。航海方面的功绩被他们完全忽视了。但是事实表明,阿拉伯地理学家们在海陆知识中都做出了巨大贡献。

自有史料记载以来,阿拉伯地理学家们就在汪洋中破浪而行。穆罕默德·法伊兹·卡索李在他的《欧洲复兴》一书中提到,新的伊斯兰国家被迫去应对罗马和波斯,反击拜占庭的船队对埃及和沙姆地区的入侵,因此穆阿威叶·本·阿布·苏夫扬思考着在阿卡建立一个造船局。这个造船局是之后在地中海海岸尤其是在的黎波里、贝鲁特、亚历山大、突尼斯、安达卢西亚(阿尔梅里亚港)这些港口所建立的造船局中的一个很好的范例。这些工厂使得阿拉伯人能够征服地中海诸岛以及法国和意大利海岸。地中海曾是罗马人的地中海,但在此之后变成了阿拉伯人的地中海。

这种游历的生活以及记录的游记使中世纪阿拉伯地理学有了另一条具有自身特色的发展脉络,即描述地理学来源于阿拉伯地理学家们亲自考察所写出的游记。世界上最早记录中亚陆路行程的是塔米姆的游记。他是阿拉伯帝国的士兵,曾因任务远赴中国。摩洛哥旅行家伊本白·图泰的游记《伊本·白图泰游记》(又译为《异国风光和旅游奇观》或《异域奇游胜览》)为中国人民所熟知,书中对中国的记录较为详尽。这些著名的游记不胜枚举。亲自考察的原则源于圣训学派,它为阿拉伯地理学的发展做出了巨大的贡献。这一原则使得阿拉伯地理学文献资料的内容更加翔实，更加可靠、可信，研究价值也更高。

阿拉伯地理学家的视野极其广阔，地理学文献的内容丰富、资料众多，范围遍及世界各地、宇宙星体。“这一方面表现在他们所注目的世界极为广阔，另一方面表现在他们所记内容极为广博、驳杂。他们的视野上溯远古，下至当代，涉及地域包括除北极之外的整个欧洲，除西伯利亚之外的亚洲，南到撒哈拉沙漠以南的非洲，天文、地理、海洋、陆地无所不及。他们所记述的世界大大超过了希腊人所知道的世界范围，也超过了当时中国人所认知的世界。”[1]例如被称为“阿拉伯古典地理学鼻祖”的伊本·胡尔达兹卜。他从托勒密的《天文大全》中得到大部分地理资料，写成了地理学方面的重要参考书《道里邦国志》。在这本书中，他记录了他在这个关键领域里的漫长经历中所得到的珍贵的地理资料。《道里邦国志》是地理学中的一本可信的百科全书。它内容丰富，不仅包括一些枯燥的官方资料，还包括一些各地的地理趣闻。它提供了关于幅员辽阔的阿拔斯王朝的大量近乎完整的资料，尤其是关于地区间距离与贸易的密切关系以及邮政往来的信息。值得一提的是，伊本·胡尔达兹卜是第一个使用“道里邦国志”这一术语的人。他之后的很多地理学家也仿效他使用这一术语作为书名。《黄金草原》是麦斯欧迪的代表作。作品涉及地理、气候、人文、宗教、经济及人民的婚丧嫁娶、民族习俗。另外，作品还包括阿拉伯帝国的历史以及帝国建立之前的希腊罗马印度等的历史。麦斯欧迪被称为“阿拉伯的希罗多德”。12世纪最负盛名的地理学家和制图家伊德里西，曾在西班牙接受教育，他的巨著《世界地理志》(也译为《云游者的娱乐》)内容丰富，集合了希腊、罗马、阿拉伯的历史。该书至今都是欧洲地理学的教科书。这些作品为人们提供了宝贵资料。

---

① 许序雅：《阿拉伯—伊斯兰舆地学与历史学》，《史学理论研究》1996年第4期。

第三节　中世纪阿拉伯地理学的文化基础

上述文章提到，阿拉伯地理学的产生和发展源于社会实践的需要，但同时也需要具备必要的文化基础。在阿拉伯地区，直到阿拔斯政权时期，阿拉伯人才逐渐开始去科学地了解地理的正确意义。

在伊斯兰教出现的几年间，阿拉伯成功地征服了从地中海到印度和中亚一些富饶的土地和文明区。一方面，阿拉伯继承了早期被亚历山大征服并创建的希腊风格的文明。另一方面，他们到达了印度文明、佛教和伊朗思想的起源地。可以说，阿拉伯很好地吸收了希腊的科学，同时通过他们自身的努力和创造，成就了中世纪重要的阿拉伯伊斯兰科学文化。

通过对伊朗、埃及和印度的征服，阿拉伯人得以有机会去获得第一手的知识。这些知识都来自上述古老文化发源地的人们的科学文化成就。譬如获得这些知识的所有权，或者更为容易地接近他们知识的中心、实验室和观测台。但是，获取和同化外来文化是直到巴格达的创立人哈里发曼苏尔时代才开始的。曼苏尔对于把国外的科学作品翻译成阿拉伯文具有浓厚的兴趣。这一活动在伊斯兰世界持续了大约200年。巴尔马克维齐尔(伊斯兰教国家元老)也热衷于在宫廷中促进这一科学活动的开展。往往那些翻译人自身就是杰出的科学家。他们通过努力，使印度的、伊朗和希腊的地理学、天文学和哲学知识丰富了阿拉伯语言。艾尔·比鲁尼在《塞伊达那集》中对此有着优美的描述："世界各地的科学被译成了阿拉伯文；它们获得修饰而深入人心，其文字的优美在人们的血管里川流不息。"①

下面详细叙述一下在这一时期，阿拉伯世界受到的来自各地的影响。

① ［英］伯纳·路易：《历史上的阿拉伯人》，马肇春、马贤译，中国社会科学出版社1979年版，第149页。

一、来自印度的影响

阿拉伯小说中与印度知识相关的内容是通过771年到曼苏尔宫殿拜谒的印度专家传播的。这位印度专家叫曼卡(Manka或是坎卡Knka)。他的到来也带来了印度图表形式的天文小册子。法扎尔和雅各·本·塔里克翻译的阿拉伯译本就是以《印度信德》来命名的。这个故事我们并不是很清楚。772年第二次拜谒的故事增加了它的复杂性。关于这两次拜谒的故事出自于一本名叫《巴拉乎麻萨福特斯大塔》的书。它在728年被改为《巴拉乎麻阿卜塔》(Brahma Gupta)。词语Siddhanta的本来意思是"学问、知识、学说",在阿拉伯语言学的影响下变成了"信德印度",即信德和印度。不久之后,所有的天文著作中的术语都按照这个来命名。

比鲁尼说过:

> 印度天文学对于阿拉伯思想的影响是比印度地理学的影响更深刻的,尽管希腊和伊朗的思想保持一个持续而深刻的影响,印度地理学观念和研究方式是众所周知的。印度人被人们用来与希腊人比较才智与地理学领域的成就,但是希腊人被认为在这一领域是更杰出的。[①]

在众多印度学者的地理学观点中,阿拉伯科学家获得很大启发,主要有:5世纪末印度著名天文学家阿耶波多关于天转地转的观点,即天转实际上是由于地转,天空日常旋转只是表面上的印象,是由地球绕着自己的轴旋转造成的。地球表面水和陆地的比例是一比一,各占一半。大陆被比喻成乌龟,四周都被水所环绕着。大地犹如穹窿,斯里兰卡为其顶端。大地的标准子午线始自乌伽因城(Ujjayn)[②]的观念;"但在11世纪时,比鲁尼就在其《印度志》中指出了乌伽因城为子午线起始观念之错误"[③]。

---

① [古阿拉伯]比鲁尼:《印度志》(英译本)。Al-Biruni, Ta'rikh al-Hind, *tr. F. Sachau*, vols. 2. London, 1888 & 1990, p. 536.

② 参见《伊斯兰百科全书》(第2版),Djughrafiya条;另参见Dunlop书,第154~155页。

③ [古阿拉伯]比鲁尼:《印度志》(英译本)。Al-Biruni, Ta'rikhal-Hind, *tr. F. Sachau*, vols. 2. London, 1888 & 1990, p. 199.

以大量曼苏尔时代的印度文献为基础,《印度》书中的系统法则在阿拉伯天天文学中得到证实,并流传了整整50年,直到麦蒙时代希腊学说开始盛行。

二、来自伊朗的影响

伊朗传统对中世纪阿拉伯地理学和地图学的影响是非常明显的。研究穆斯林地理学的著名学者克拉莫斯(JHKramers)指出,在9世纪,希腊地理学的影响占绝对优势,但从9世纪末起,伊朗的影响日益增强。例如,到10世纪,尽管科学知识有了长足进展,但是在阿拉伯地理书籍中出现的地理观念里以及制图学著作中还是能看到一些来自伊朗的传说。例如:"传说,大地的形状被比作一只巨大的鸟,中国是它的头,印度是它的右翼,易萨是它的左翅,麦加、汉志、伊拉克、叙利亚和埃及是它的胸腹,北非是它的尾巴。"[①]

在众多阿拉伯地理学家追随的伊朗地理学观念和传统中,最重要的一个观点是来自Seven Kishwars的"七个地带"。在这一系统中,世界被划分为七个相等的几何圆,每　个都表示一个地带;第四个圆被画在中间,余下的六个则环绕着它。这七个地带包括了伊朗本土,其中最中心的区域是塞瓦德。阿拉伯地理学家持续地被这一体系影响了很长一段时间。比鲁尼的观点认为这是没有科学或物理基础的,他认为希腊对地球地域的划分更为科学。希腊把世界划分为三个(或四个)大洲及两个主要海域,即Bahr al-Rum和Bahr Fars(地中海和印度洋)。海域通过环形的海与大陆相连。一个来自西北方,另一个来自东方,例如大西洋与太平洋,同时被al—Barzakh('障碍物',此处指苏伊士海峡)所分割开。这一体系学说占据了阿拉伯地理学和绘图学的主导思想,并持续好几个世纪。

伊朗的传统深深地影响了阿拉伯海事文献和航海。阿拉伯航海词汇中对波斯起源的词汇的应用是很明显的,如"左舷"(Bandar)"船长"(Na-

① 《阿拉伯舆地丛刊》第5卷(*Bibliotheca Geographorum Arabicorum*, vols. 5. p. 29.)。

khuda)"航海说明书"(Rahmani)"航行说明"(Daftar)等。一些确切的波斯名字,如"Khann"(罗盘方位)"Kutb al-djah"(杆)等,也指出了波斯对阿拉伯风向频率图的影响。这些例子是数不胜数的。波斯对于阿拉伯天文学方面的影响也是显而易见的。阿拉伯天文学中的一些词是对波斯来源的词汇术语的使用,如 Taylasan、Shabura、Kuwara 等,这些词用来描述确切的海岸的形状。

三、来自希腊的影响

希提提到:"阿拉伯人征服肥沃的新月地区的时候,希腊的文化遗产无疑是他们手边最宝贵的财富。在阿拉伯人的生活里,希腊文化终于成为一切外国影响中最重要的一种影响。"①

9 世纪开始,希腊学说就逐渐占据阿拉伯数理地理领域的优势地位,成为真正的主流学说。印度学说和伊朗学说的微弱优势体现在那些很早就完成了的对它们的翻译的著作中。当阿拉伯人知道了欧几里得和托勒密的著作以后,他们很快就感觉到对这些知识的需要。

托勒密的《地理学》在阿拔斯王朝时期被翻译为多个版本。我们所能掌握的只是托勒密作品的改编本。这一版本由花剌子密添加进了同时代的取自阿拉伯的数据和知识。伊本·胡尔达兹卜在作品中曾提到托勒密作品的咨询者和翻译者(也许是最初的希腊或者叙利亚语的翻译),麦斯欧迪也参考了《地理学》的一个复本以及托勒密的世界地图。学者们认为:

> 希腊影响主要来自黎巴嫩南部提尔城(推罗)地理学家马里诺斯(Marionos,70~103 年)和希腊地理学家克劳丢斯·托勒密(90~168 年)。他们各自写出了一部《地理志》,并绘有"世界地图"。托勒密的世界地图,东及马来半岛沿海和中国南海岸,西到不列颠,北至

---

① [美]希提:《阿拉伯通史》上册,马坚译,商务印书馆 1995 年版,第 24 页。

斯堪的纳维亚和俄罗斯草原，南抵尼罗河发源处某一不明的湖泊地带。[①]

马里诺斯《地理志》及其世界地图曾被马斯欧迪（麦斯欧迪）所参考，托勒密的《地理志》也被多次从拉丁文或叙利亚文译成阿拉伯文，他的《天文大全》也被译成阿拉伯文（译名《至大论》）。花剌子密、伊本·胡尔达兹卜、麦斯欧迪等人都参考托勒密的著作和世界地图。[②]

中世纪许多阿拉伯地理学家在马里诺斯和托勒密的影响下对世界、宇宙产生了极大兴趣，他们撰写的地理文献视野开阔，具有世界意义。伊拉克学派受这个特点的影响非常深。众所周知，该学派以伊拉克作为世界的中心，但其研究对象却不仅仅围绕伊拉克，而是把目光放在整个世界。他们撰写的地理学文献内容丰富，不仅包括记述和编排地理资料，而且包括一般伊斯兰文献不记述的所有世俗知识。

《道里邦国志》中记述：

作者除了利用许多游记资料之外，还利用了托勒密宇宙地理学的注释，利用了各省税收的统计资料，以及波斯史料中关于前伊斯兰时期的历史记载。作者在引言中明确声称，自己是在托勒密的影响下写成此书的。该书记述范围几乎把整个旧大陆文明世界都囊括进去了。东面记有倭国（al-Waqwaq，日本）、新罗（Shila，朝鲜）、麻逸（Mayt，今菲律宾的民都洛岛）、香料群岛（今印尼的马鲁古群岛）及中国；西面记有法兰克、安达鲁西亚（西班牙）、比勒托尼亚（不列颠群岛）。作者在书中翔实地记述了各地之间的路程、各地的商货及其质量和价格、商路上的食宿条件、海港与海上航程等情形，并详细介绍了犹太、罗斯（古俄罗斯）、穆斯林商人在国际贸易中的积极作用，还记载了阿巴斯王朝土地税的征收、行政区的划分、民族的迁徙与分布、农田水利的兴废等情形，还追述了波斯萨珊王朝（226～650）及罗

---

① ［英］W. C. 丹皮尔：《科学史及其与哲学和宗教的关系》，李衍译，商务印书馆 1994 年版，第 93～94 页。

② 《伊斯兰百科全书》（第 2 版），Djughrafiya 条；另参见 Dunlop 书，第 169 页。

马帝国的一些情形。[1]

伊斯兰早期历史学家白拉祖里的《各地的征服》[2]，在内容上限于征服、战争的记述，在地域上也囿于阿拉伯征服地区（阿拉伯、叙利亚、地中海、北非、安达鲁西亚、海中诸岛、伊拉克和波斯、米堤亚等地）。研究者指出：

> 白拉祖里书中对征服地区的划分巴里希的《伊斯兰地图集》（原图已佚，伊本·豪卡勒、伊斯塔赫里的地理学论著中保留了该地图集的地图面貌）中的区域划分（阿拉伯、印度洋、马格里布、埃及和叙利亚，地中海、中央及东部伊斯兰世界）有许多相似性。[3]

这种相似性恰恰是当时的地理学家与历史学家关系密切的最好证明，他们都存在着极为相似的历史观和地理观念。

中世纪阿拉伯地理学受到希腊很大程度上的影响，如如何划分风土带（气候带）、宇宙中心是地球的说法等等。古阿拉伯学者麦斯欧迪指出：

> 阿拉伯语“风土带”（Iklim）一词，源于希腊语（Klima），原意为“倾角”（地球赤道到极点的倾角，即按纬度划分世界）。麦斯欧迪就曾见到马里努斯《地理志》中的地图用多种颜色标出七个风土带（每块风土带宽 1775 法尔沙赫，长 3850 法尔沙赫；1 法尔沙赫约合 6.24 公里），并认为此地图是他所见标志得最好的。[4]

中国学者许雅序指出：

> 花剌子密、伊本·胡尔达兹比赫、比鲁尼、雅古特、伊斯理西（12 世纪中叶人）等地理学家都继承了这种七风土带划分法。[5]

古典时期的阿拉伯地理学家大都接受地球为宇宙中心说观点。如艾

---

① ［古阿拉伯］伊本·胡尔达兹卜：《道里邦国志》，宋岘译，中华书局 1991 年版，第 66 页。

② 参见［伊拉克］白祖拉里：《各地的征服》（英文版）。Al-Baladhuri, *KitabFutuh al-Buldan*, *tr. P. H. Hitti*, New York, 1916.

③ 《伊斯兰百科全书》（第 2 版），Djughrafiya 条；另参见 Dunlop 书，第 65 页。

④ ［古阿拉伯］麦斯欧迪：《箴归篇》（Kitab-Tanbih）（法译本），开罗 1938 年版，第 30 页。另参见《伊斯兰百科全书》（第 2 版），第 3 卷，Iklim 条。

⑤ 许序雅：《阿拉伯一伊斯兰舆地学与历史学》，《史学理论研究》1996 年第 4 期。

布·卡西姆和伊本·胡尔达兹比赫等认为:“大地像球一样是圆的。地球如蛋黄处于禽蛋的中心一样,位于天体的中心。大气从各方面吸引着地球,使地球固着天体内。”[①]这种观点与我们上文提到的《古兰经》中关于地球形状的观点“地球具有平展的表面,山峦如同楔子一样插在地面上”(71:19,78:6)有很大的不同。尽管与《古兰经》的观点不同,但几乎所有的地理学家还是接受了地球是宇宙中心的地心说的观点。由此我们可以看出,希腊地理学对阿拉伯地理学家的影响之深。

有些阿拉伯学者具有地理学家和历史学家的双重身份。因此,希腊地理学观念影响了阿拉伯地理学家的地理学观念,同时对这些学者的阿拉伯伊斯兰历史观念或多或少地产生了一些影响,这些影响可能是直接的,也可能是间接的。有学者指出:

> 雅库比(雅古比)在872年在伊斯兰东部写成《世界史概要》,于891年在埃及写成《诸国志》。前书第一部分从以色列人早起历史写起,记述了叙利亚、亚述、巴比伦、印度人、希腊人、罗马人、波斯人、北方诸民族(包括突厥人、中国人、埃及人、柏柏尔人、阿比西尼西人(即埃塞俄比亚人)等的统治者的故事;第二部分篇幅几乎有第一部分两倍长,从先知的出生写起,一直写到872年的伊斯兰史。第一部分显然受到了希腊学术的影响。《诸国志》是依据文献资料和旅行者的口碑材料写成,重点放在记述统计资料、税收和地形地貌上。书中依次记述了巴格达、萨马拉、伊朗、土兰(Turan)、北非,接着记述库法、巴斯拉,还描述了印度、中国和拜占庭帝国(这一节已佚)以及叙利亚、埃及、努比亚和马格里布等地。[②]

赵利军先生认为:

> 像雅古比这样既是地理学家,又是历史学家的伊斯兰学者还很多,著名的如马斯欧迪(麦斯欧迪)。在这些学者身上,希腊的影响随处可见;他们的历史观、对世界的认识、对社会发展的认识,在其舆地

① [古阿拉伯]伊本·胡尔达兹卜:《道里邦国志》,宋岘译,中华书局1991年版,第1页。

② 《伊斯兰百科全书》(第2版),Djughrafiya条;另参见Dunlop书,第1152页。

文献中也可见到。因此,我们不能武断地说伊斯兰史学的产生和发展是自发的、独立的,基本未受古代希腊、罗马史学家的影响。[①]

这些学者的作品以及一些希腊天文学家和物理学家的成果被翻译成阿拉伯语后,提供了构成人们观念、理论的基石。天文观测的结果帮助阿拉伯地理学在科学的基础上不断衍变。波斯的影响在地域和描述地理学上是很明显的。但是希腊的影响支配了近乎全部的阿拉伯地理学的发展。在某些领域,据说存在一种波斯、希腊观点和方法论之间的竞赛。例如,波斯的 Kishwar 克什瓦体系和希腊的地域学说,但是最终还是希腊学说更令人信服。以希腊学说为基础的阿拉伯地理学是卓越的。希腊学作为阿拉伯地理学的基础理论,其影响非常持久,一直到 19 世纪为止(19 世纪波斯发现的遗迹,甚至印度的乌尔都语都是关于地理学的作品)。总之,在众多外来文化中,中世纪阿拉伯地理学受希腊的影响最大。

第四节　伊斯兰教对中世纪阿拉伯地理学的影响

中世纪早期的阿拉伯地理学深受伊斯兰教的影响。7 世纪,伊斯兰教的创立使人们的生活发生了翻天覆地的变化。《古兰经》作为伊斯兰教的经典,渗透到了人们生活的方方面面。它不仅包括法律、规章制度、文明等各个方面,而且指导人们的思想,激发人们去追求知识、理论和新的希望。所以,它也必然对阿拉伯地理学产生重要的影响。伊斯兰教对于地理学的影响主要表现在三个方面。

首先,《古兰经》和圣训中有很多地理认知的材料,这些材料对人们对地理学的认识产生了重要的影响。《古兰经》和圣训中所包含的地理认知的材料,我们在前文中已经讲过,就不再赘述了。许多阿拉伯地理学作品都以《古兰经》或者圣训为依据。例如,学者们把大地比作一只大鸟,我们上文提到,这与阿卜杜拉本阿穆尔的传说是一致的。再比如,大地呈圆

① 赵军利:《中世纪阿拉伯历史研究方法》,《史学理论研究》1992 年第 4 期。

形，并被环形之海包围，有如动物脖子上的环纹；这个环形之海据说有“两道深渊”，分别指地中海和印度洋，中间有障碍物使他们隔离并互不相通，隔离他们的障碍物是苏伊士运河（古勒祖姆）。这些都是《古兰经》的观念。

其次，伊斯兰教重视理性，鼓励人们去探求真理，正是这种理性主义的哲学思想，推动了中世纪伊斯兰世界科学的繁荣，其中也包括了地理学。蔡德贵曾在《中世纪阿拉伯人对哲学和科学的贡献》中提到：

> 作为一种普遍存在的文化现象，宗教表现为一种有限者即人与无限者即神的结合，所有宗教不论大小，都有各自相对独立的信仰体系，构成本宗教的神学理论。宗教的基本教义依赖信仰体系而得以产生和发展，有的还发展为完备的宗教哲学理论和体系。宗教还在信仰的基础上形成了自己独特的情感世界，在情绪上对信仰的神灵怀有一种敬畏的心理或神秘感，并在内心不断地强化这种情感。至于宗教的礼仪崇拜和戒律，也是为坚定其信徒的宗教信仰而制定的，有约束教徒行为举止的作用。作为宗教的外部存在形式的各种宗教组织和制度，通过直接或间接地参与社会活动，扩大宗教的影响力，维护宗教信仰的权威。所以，宗教信仰一般都表现出非理性的特点，有的宗教甚至是反理性的。[①]

而伊斯兰教则不然，它不仅有理性的因素，而且形成了“理性主义传统”。先知穆罕默德曾称自己“受安拉的派遣，负着宣传正道，提倡学问的使命”。可见，他极为重视理智的作用。穆罕默德还教育人们“求学问是男女穆斯林的天职”。《古兰经》中提倡人们要运用理智进行思考，类似的经文很多，例如，“有眼光的人们啊！你们警惕吧！”(59:2)“难道他们没有观察天地的主权和真主创造的万物吗?”(7:185)“难道对于真主——天地的创造者——还有怀疑吗?”(14:10)“(他们)思维天地的创造。”(3:191)“难道他们不观察吗？骆驼是怎样造成的，天是怎样升高的。”(88:17,18)

① 蔡德贵：《中世纪阿拉伯人对哲学和科学的贡献》，《阿拉伯世界研究》2008年第3期。

“天地的创造，昼夜的轮流，利人航海的船舶，真主从云中降下雨水，借它而使已死的大地复生，并在大地上散布各种动物，与风向的改变，天地间受制的云，对于能了解的人看来，此中确有许多迹象。”(2:164)我们熟知的圣训“学问虽远在中国，亦当求之”，也体现出要追求真理的精神。《古兰经》重视理性思考的传统对阿拉伯地理学家产生了重大影响。《古兰经》是伊斯兰教的根本经典，是一切教义的基础和出发点。《古兰经》对科学的探索、理性的尊尚深深地影响着阿拉伯学者。正是这种理性的思想，促使阿拉伯地理学家们在前人的基础上不断仔细钻研、探求真理，发展真正的科学，使阿拉伯地理学日益繁荣发展。

最后，阿拉伯地理学受伊斯兰教的影响体现在阿拉伯地理学观念上。我们前文提到过，9～10 世纪是阿拉伯地理学发展史上最具特色的一个时期。根据地理文献的特征，可将这个时期分为伊拉克学派和巴里黑学派。而这两个学派中受伊斯兰教影响最大的是巴里黑学派。巴里黑学派赋予阿拉伯古典地理学以正派的伊斯兰色彩，这一派的地理学家用较为积极的伊斯兰观念看待阿拉伯的地理学。这一派作者把自己的叙述范围都限制在“伊斯兰各国”内，对于非伊斯兰国家只是在他们的叙述中稍加论述。这一派还有一个显著的特点是，地理学家们都把世界的中心定于克尔白所在的麦加，这与伊拉克学派把世界中心定于巴格达有很大的不同。而且这一派地理学家们的地理著作大都附有地图，并且这种图志体的地理著作的图幅数、形状、次序区域固定，所以人们通常称之为“伊斯兰方舆图”。舆图的总图是一幅圆形世界地图，上面按照伊斯兰诸国和非伊斯兰诸国划分。尽管伊拉克学派将伊拉克和伊朗相提并论，并以伊拉克为阿拉伯世界的中心来开始区域地理的描述。但学派内仍有几位地理学家与之相反，如古达玛、伊本·鲁斯塔和伊本·法齐赫等。在他们的书中，麦加和阿拉伯半岛都被置于优先位置。在古达玛的书中，麦加被赋予绝对优先的位置，通向麦加的所有道路都被放置在巴格达辐射出来的道路之前。古达玛的地理学体系显示了一点细微的变化，就是研究重心从伊朗观念转向“对伊斯兰的探讨”。

第五节　中世纪阿拉伯地理学的国际性

中世纪阿拉伯地理学深受伊斯兰文化的影响,具有国际性。"'国际性'本应是近(现)代科学的一个本质特点。近代科学虽然最早产生于欧洲,但这丝毫不能改变它的'世界公民'的身份,因为从根本上来说,科学并不是欧洲人的独创,而是由全人类共同创造的。严格地说,没有所谓'欧洲科学',只有世界科学。当今世界各国科学家研究的是同一种科学。这跟古典科学情况略有不同,因为年代追溯得越久远,人类交往越不发达,科学的民族性色彩才会越浓。"①中世纪阿拉伯地理学具有国际性,笔者认为有三个原因:首先,翻译运动使得大量外来文化被阿拉伯地理学家所了解,他们扩大了视野,了解到更多知识;其次,这些地理学家本身就是"新阿拉伯人";最后也是最重要的一个原因是,阿拉伯文明具有同化能力和宽容精神。

关于第一个原因,我们前面已经提到。中世纪,黑暗在所有欧洲国家扎根,此时阿拉伯学者们扛起了地理思想的火炬。他们将所有古希腊、印度和波斯学者的成就翻译成阿拉伯语,并剔除其中与地理学无关的神话和幻想。阿拉伯和穆斯林学者们深信,地理知识是从一个民族迁移到另一民族的,而每个民族的功绩就是在这一领域所增加的知识、事实和理论。

在地理学研究中,阿拉伯地理学者们依靠的是观察、实验、精细测量、实地考察和可信的参考资料,于是他们对很多古希腊、印度和波斯的错误理论产生怀疑并进行修正。因此,他们开创了思考和研究地理知识的新的科学方法。

不管外来文化来自哪国,它们都被翻译成阿拉伯语。希提曾对"阿拉伯"这个概念有过明确的表述:"我们说'阿拉伯医学'或者'阿拉伯哲学'

---

① 周放:《阿拉伯科学与翻译运动》,上海外国语大学博士论文,2009年,第95页。

或者‘阿拉伯数学’的时候,不是指阿拉比亚人所创造的,或阿拉伯半岛的居民所发明的,我们所指的,只是用阿拉伯文写作的文献中所包罗的知识,著作人主要是生活于哈里发帝国的波斯人,或叙利亚人,或埃及人,或阿拉比亚人,无论他们是基督教或犹太教,或穆斯林,也无论他们写作的材料是取自希腊的,或亚美尼亚的,或印度、波斯的,或其他来源。”①“阿拉伯奇迹”就是乔治萨顿曾谈到的古代科学史中的两大奇迹之一。他提到阿拉伯人“在不到两百年的时间内,创造了一个新的国际性的百科全书式的庞大知识总体”,这里指的就是翻译运动。②

但是众所周知的是阿拉伯人绝不仅仅是翻译和继承“东方系统的希腊罗马文化”那么简单,他们融合了被征服地各族人民的文化精髓,取长补短,发展成为适合于伊斯兰阿拉伯的文化精神。阿拉伯人深刻地体会到,希腊的科学和哲学是人类探知世界万物真想的钥匙。被征服各地人民的思想是通向求知和智慧的宝物。而阿拉伯人也没有丢弃他们的本源。《古兰经》是伊斯兰教的根本经典。阿拉伯语不仅是一门优美的语言,而且是一种神奇的媒介。“由于吸收了希腊文化和波斯文化的主要内容,伊斯兰教固然丧失了自己最大部分的特性,即从沙漠中汲取的精神和阿拉伯民族主义的标志,但是,伊斯兰教因此在联系那条南欧与近东的中世纪文化纽带中,占据了一个重要的地位。我们应该记住,这种文化是由一条溪水养育起来的,这条溪水发源于古代埃及、巴比伦、腓尼基和朱迪娅,这条溪水诸如希腊,然后以希腊文化的形式,倒流入近东。在后面我们就要看到,这条统一的溪水,怎样通过西班牙和西西里岛的阿拉伯人,重新流入欧洲,而给欧洲文艺复兴以很大的助力。”③

关于第二个原因,我们要理解何为“新阿拉伯人”。中世纪阿拉伯地理学家们在地理学中出类拔萃。他们的出身和民族本身其实就非常国际化。他们出身于多个国家。其中有人来自撒马尔罕,还有人来自安达卢

① [美]希提:《阿拉伯通史》上册,马坚译,商务印书馆1995年版,第278页。

② 参见[美]乔治·萨顿:《科学的生命》,马坚译,商务印书馆1987年版,第13页。

③ [美]希提:《阿拉伯通史》上册,马坚译,商务印书馆1995年版,第519页。

西亚、波斯、沙姆、埃及、印度和其他国家。所有这些人将他们掌握的信息资料记录下来，用同一种语言——阿拉伯语书写，留下传世之作。例如，阿拉伯地理大家雅古特，他的代表作为《地名辞典》。他本身就是这样一位"外籍"大师，是希腊人，是被阿拉伯人当作奴隶买回来的。著有《省道图志》的伊斯太赫里出生于波斯。史学家和天文学家比鲁尼出生于希瓦，有人说他是土耳其血统。比鲁尼在《印度志》（亦被译为《印度考察记》）中的理论十分超前，与现代科学理论相似。乔治萨顿把这个时期称为"比鲁尼时代"。

希提称这种"新阿拉伯人"的现象是伊斯兰文化史上最意味深长的事实之一。他对何为"新阿拉伯人"进行了阐释：

> 当波斯人、叙利亚人、科普特人、柏柏尔人和其他民族的人民群众皈依伊斯兰教，而且同阿拉比人通婚的时候，原来在阿拉比亚人和非阿拉比亚人之间的那堵高墙坍塌了。穆斯林的民族出身，退居次要地位，穆罕默德的信徒，都叫阿拉伯人，不管他原来的民族是什么。此后，凡是信奉伊斯兰教，会说阿拉伯语、会写阿拉伯文的，个个都是阿拉伯人，不论他原来的民族成分如何。[①]

于是，我们发现了这样一个特点：在阿拉伯地理学家们那里，地理学在个人的实验和观察中都与其他科学不同。比方说，沙姆的地理学家描写沙姆就比安达卢西亚的地理学家写得好，而安达卢西亚的地理学家写安达卢西亚也是如此。他们带来了古老的民族对地理学的认知。巴比伦人重视与其邻国的贸易往来，因而他们到达过阿拉伯半岛的大部分地区，最远通过直布罗陀海峡到达过印度、北非。他们有很多旅行，从而使他们能够更多地研究星体运动，因为这是他们了解四个方位及沙漠之路的重要来源之一。腓尼基人的民族是一个没有建立知识文明的民族，因为商业活动使得他们无暇顾及于此，但是他们频繁的陆地与海洋上的游历为他们积累了大量的地理知识。

---

① ［美］希提：《阿拉伯通史》上册，马坚译，商务印书馆 1995 年版，第 318 页。

阿拉伯科学家们将来源不同的信息资料熔于一炉，使他们成为了这一领域中的思想领导人。他们对各个地区给出了符合科学观察和研究的科学有序的描述，说明了大地的边界和王国的划分，确定了国家间的距离，从山川海洋河流矿产水井等方面描写了国家的众多面貌。

最后一种原因，也是最重要的原因是，阿拉伯地理学深受阿拉伯伊斯兰文化影响。正是阿拉伯文明的同化能力和宽容精神，使它具有了国际性。

阿拉伯伊斯兰文化的同化能力体现在它能运用自己的阿拉伯语和伊斯兰教这两个武器，将两种截然不同的伟大文明融合起来。一是具有千年历史的地中海地区的希腊、罗马、以色列和近东的传统文化，二是具有自己的生活和思想的典型特色以及与远东大文化有充分接触的丰富多彩的波斯文化，这两种文化相融合。这绝不是一种简单的模仿，而是各种文化相互影响，并在此基础上产生一种新文化。这种新文化被称为“阿拉伯伊斯兰文化”。

阿拉伯伊斯兰文化是由多种文化共同组成的。阿拉伯文明并没有排挤和摈弃任何一种文明，而是发挥它最大的包容性，使各种文化最好地融合在一起，就像汇成海洋的江河，这就是阿拉伯伊斯兰文化的宽容精神。这种精神使得“新穆斯林”和非穆斯林几乎平等地生活在同一社会和法律之下，允许公民们保持自己的信仰、思想和生活习惯，这样就会更好地给予他们空间，为阿拉伯伊斯兰文化贡献自己的力量。阿拉伯学者艾哈迈德·爱敏认为：

> 阿拉伯文化由三种文化汇合而成：一是阿拉伯的传统文化；二是伊斯兰文化；三是波斯、印度、希腊、罗马等外族文化。
>
> 在阿拔斯王朝初期，各种文化——波斯文化、印度文化、希腊文化、阿拉伯文化，以及犹太教文化、基督教文化和伊斯兰教文化都汇集到伊拉克。但是，每种文化都有自己的特色和韵味，最初他们都在

各自的小溪中流淌，没有多久，这些小溪就汇合成了一条巨大的河流。[①]

中世纪阿拉伯科学文化是由不同渊源的文明汇合而成的。也正是因为有了这样的文化体系，中世纪阿拉伯地理学才能在世界文明中占有一席之地。

第六节　中世纪阿拉伯地理学的局限性

中世纪阿拉伯地理学除了上述特点之外，还具有一定的局限性。这种局限性主要体现在两个方面：一是重复前人的观点和抄袭；二是局限于托勒密的框架之中，难以获得独立的地理观点。

人们的地理认识是地理观形成的前提，没有这种认识，地理观不可能凭空产生，也不可能轻而易举地发生变化。这可分成两类情况：

一类是根据当事人本人的亲身见闻综合而成。当事人“一身二任”，既是信息的收集者，又是地理观的提出者。这种情况以中国为多，这些人多是有较高学问的僧侣、使节等，在完成使命或考察访问归来后，一般都喜欢著书立说，广布所闻，并提出他本人的地理观。从康泰、法显、常骏到玄奘、义净、达奚通等，皆是如此。

另一类是根据别人提供的信息和前人的记载整理、分析、综合而成。阿拉伯人几乎都是如此。也就是说，地理材料与地理观两者之间是脱节的。一种地理观的产生不可能离开地理信息，这就导致新与旧、真或误的各种地理材料堆积在一起，出现异地同时或同时异地的材料张冠李戴的现象，从而使形成后的地理观出现曲解甚至面目全非。这种脱节现象使地理观的产生变成了一个相对独立的过程。这包括以下几种情况：一是把新的地理材料上升为地理观，这是最简单的情况；二是用新地理材料取代部分旧的地理材料（新旧融和），在此基础上形成新的地理观；三是地理

① ［埃］艾哈迈德·爱敏：《阿拉伯－伊斯兰文化史》第3册，纳忠等译，商务印书馆2001年版，第253、348页。

观的“再加工”,即在旧有的地理观中进行抽象,从而产生出一种新地理观。

阿拉伯人的地理观大量地表现为第二、三种情况。具体来说,10世纪之前以第二种情况为主,11世纪以后则以第三种情况居多。在阿拉伯地理学领域,有后辈增补和修改前辈著作的传统,因此,有些材料不免陈陈相因。一些地理学家的著作中常有一些记载与当代情况相悖,特别是9~10世纪古典地理学家的著作中记述了大量前辈的记叙和观点。“例如,雅古特的《地理辞书》中的《昔吉斯坦》条,其中从前人著作中抄录有关哈里吉派活动的材料,就好像这个在七世纪末最盛行的政治宗教派别,在雅古特生活的十三世纪依然流行于昔吉斯坦。”[①]

费琅指出:“在大部分情况下,阿拉伯的地理学家们是原封不动地抄袭先驱们所提供的材料,伊本·巴图塔引自伊本朱拜尔的段落对于我坚持自己的看法更具有说服力。事实上,对于本书所研究的地区,无论是引用原文,也无论是抄袭来的内容,阿拉伯地理学家们的相互抄袭是最常见的现象。”[②]

在这时期,各派地理学者完全沉浸在对过时材料进行重新辑佚、理解,或对各家旧地图进行“勘辩”、重绘的功夫上,越来越带有缘木求鱼的倾向,结果只能是与现实越拉越远。毕竟,原先作为底本的地图本就谬语百出,那么新绘制出来的地图不管如何“纠谬”,都难避免。[③]

不管第二种或第三种情况,都有这样的特点:旧的地理观总会不同程度地产生影响,一般表现为同化和调节两种方式。同化,就是在新、旧之间不发生抵牾的情况下,把两者糅合起来。调节,就是在两者的矛盾之处,作不同方式的取代或者折中。这两种方式尤以阿拉伯人表现最为明

---

① 张广达:《出土文书与穆斯林地理著作对于研究中亚历史地理的意义(下)》,《新疆大学学报》(哲学人文社会科学版)1984年第1期。

② [法]费琅:《阿拉伯波斯突厥人东方文献辑注》,耿昇、穆根来译,中华书局1989年版,第20页。

③ 参见高伟浓:《唐宋时期中国和阿拉伯的东南亚地理观研究》,中山大学硕士学位论文,1985年,第46页。

显，因为他们受传统的影响特别多。这种传承既有积极的一面，又有消极的一面。其积极的一面是，可以看得到地理观发展的来龙去脉；其消极的一面是，一幅地图往往成了各个时期各种地理信息的大杂烩。

第二种局限体现在阿拉伯地理学一定程度上停留在托勒密的框架之中。众所周知，托勒密对后世阿拉伯地理学者的影响很大。首先便是他的地图学观点。阿拉伯地理学起步时，地理学者没有多少地理知识。他们的信息多来自有这种经历的人（商人、水手、旅行家等）的口述及前辈的记叙。这些经历者的叙述，经转碾相传，最后留存下来并为地理学者所获得的往往是一些零星的东西，充其量也只是把一些地方与某一条线路串连起来。受东方神秘感的驱使，众多的地理学者如获至宝地在这些载述和一些可靠度甚低的各类“小道消息”中互相传抄，渐而真伪难辨。当阿拉伯地理学家翻译了托勒密的地理学著作并接触到绘画较详细的托勒密地图以后，情况就不一样了。托勒密的版本不约而同地成了地理学者们的蓝本，新得来的材料只充作修改和补充。这样，大量以地图形式表达的个人地理观虽纷纷涌现，但这些地理观的提出者无一不成了托勒密的俘虏，他们的地理观也就成了托勒密地理观的翻版。也就是说，在原图骨架的基础上，以新得来的材料加以修补。至于修补的规模有多大，就要看作者接受前人影响的程度和他心目中材料的价值如何了。很明显，这样做的消极作用是不少的。一是托勒密的地理学理论无法应用于阿拉伯帝国各地，二是后代地理学者无法跳出托勒密体系的“框框”。无论什么材料，都只能充当托勒密地图的添加剂。

小　结

中世纪阿拉伯地理学具有资料来源丰富、视野开阔、国际化等特点。它与历史发展关系密切，同时深受外来文化与伊斯兰教的影响。

学者们认为：“阿拉伯科学起源于翻译运动，也就是说它是起源于印度、波斯和希腊，而且归根到底是起源于希腊。换句话说，阿拉伯科学是外来的，而不是来自于阿拉伯本土的学问。”[①]如果说对于“阿拉伯科学”这一整体概念而言事实确实如此的话，笔者认为阿拉伯地理学并不是这样。中世纪阿拉伯地理学的特点与阿拉伯伊斯兰文化紧密相连。

前面，我们已经提到我国著名阿拉伯历史学者纳忠对阿拉伯伊斯兰文化的三种成分的概括，即“阿拉伯人的固有文化、伊斯兰教文化以及波斯、印度、希腊、罗马等外族文化”。地理观作为一种观念形态，也是人类通过实践对于自然界认识的产物。各种自然环境孕育出了阿拉伯地理学最初的地理认知。伊斯兰教是伊斯兰文化的核心和主流。伊斯兰教的兴起不仅是一个宗教的兴起，它带动了一个民族——阿拉伯民族的兴起，孕育出一种崭新的文化——阿拉伯伊斯兰文化，整合、完善了一种语言——阿拉伯语。[②] 因此，它对于阿拉伯地理学的影响，不仅仅是《古兰经》和圣训中的地理认知，更重要的是赋予阿拉伯人一种追求真理的理性精神，一种“平等”的基本要素，使人们即使有贫困、智能、种族、血统的差异，但在真主面前人人平等。阿拉伯伊斯兰文化的产生和发展源于社会实践的需要，社会实践才是阿拉伯地理学发展的原动力。最后一种是外来文化对地理学的影响。外来文化，尤其是希腊文化，是阿拉伯地理学产生和发展的文化基础。不具备必要的文化基础，阿拉伯地理学是不可能产生的。所以，阿拉伯地理学是阿拉伯伊斯兰文化的产物。

---

① 周放：《阿拉伯科学与翻译运动》，上海外国语大学博士论文，2009 年，第 76 页。

② 参见国少华：《阿拉伯—伊斯兰文化研究》，时事出版社 2009 年版，第 27 页。

第五章　阿拉伯地理文献中的中国形象

“阿拉伯古籍中的中国”是一个重要的研究课题，国内有不少学者专注于此。最著名的是葛铁鹰老师的博士论文。该文以《阿拉伯古籍中的“中国”研究——以史学著作为例》为题，对史学著作进行翻译、梳理、分类，并逐一对所归纳的内容进行有针对性的分析和研究。在该研究领域，比较著名的还有冯承钧的《西域南海史地考证译丛》和张星烺的《中西交通史料汇编》。其中，张书中辟有“阿拉伯人关于中国之记载”专章。此外，还有费朗编、耿晟、穆根来所著的《阿拉伯波斯突厥人东方文献译著》。这些书籍都侧重于地理学著作，书中翻译多为交通路线，具有很高的史料价值，成为后世学者不断引用的资料。本书此章节题为“阿拉伯地理文献中的中国形象”，资料来源设定为阿拉伯地理学著作，偏重于对中国的宏观综合记载以及关注中国在阿拉伯地理文献中的形象。

第一节　阿拉伯地理文献中出现中国的原因

研究中国和阿拉伯交流的中外文书籍众多，我们要研究的中世纪阿拉伯地理学文献中记载中国的书籍也很多。可是笔者依然有一个疑问：中阿之间路途遥远，且中国并不属于伊斯兰教国家，那阿拉伯地理学家为什么会选择记载中国的情况？甚至他们中的很多人还不畏险阻，远行至中国，并生活在那里，亲自观察记录。这是巧合还是有所指引？经过研究，笔者认为，这其中有四个原因。

一、悠久的历史

众所周知,中阿两大民族之间的交往具有悠久的历史和灿烂的文明。"远在古代,中国与阿拉伯各国互有往来。据《史记》的《大宛传》记载,汉武帝时已派使者前往,此后历时2000年,双方关系从未中断。"①在贾希利亚时期(亦称"蒙昧时代"),"也就在伊斯兰教之前,早从公元5世纪上半叶起,中国人就已经开始与阿拉伯人通商"②。伊斯兰教建立以后,中阿之间的政治、贸易交往更加频繁。它们的交往必然在双方的历史记载中留下痕迹,从而形成各自对对方形象认识的雏形,并随着时代的发展不断丰富和充实。因此,阿拉伯地理学家需要记录中阿交流的路线、交往情况以及中国的城市、物产、天气等信息,以方便之后的商人和使者前往中国。这可能是阿拉伯地理学家记载中国情况的其中一个目的。

二、求知的渴望

提到中阿交流,必然要提到的一句话是艾布·阿提凯转述的圣训:"知识虽远在中国,亦当求之。"伊斯兰教建立之后,众信徒们旅行的最初目的去麦加朝觐。其后,阿拉伯帝国扩张到亚、非、欧三大洲,信徒们也随之远行到这些地区。他们去访问圣徒,通过亲自观察,获得知识,以确定圣训的可靠性和合理性。"去中国"这条圣训使阿拉伯地理学家对中国产生了一种潜移默化的感情。那么,"去中国"这条圣训到底是不是真的呢?葛铁鹰在《阿拉伯古籍中的中国》中对此进行过考证。这条圣训的后面,应加上半句话:"知识虽远在中国,亦当求之,因为求知是每个穆斯林的义务。"可见,"知识远在中国"这句圣训是不真实的。但是这样的结果并不会妨碍穆斯林对知识的渴求。阿拉伯伊斯兰文化是一种包罗万象的实用文化,是一种生活方式。追求知识是这种文化所倡导的其中一种,这种精神也是对阿拉伯地理学家去中国求知的鼓舞、激励和鞭策。

---

① 江淳、郭应德:《中阿关系史》,经济日报出版社2001年版,第15页。

② 安田朴:《中国文化西传欧洲史》,商务印书馆2000年版,第79页。

三、伊斯兰教在中国的传播

632年，先知穆罕默德逝世之后，伊斯兰教进入了“四大哈里发时期”。阿拉伯人在“为主奋斗”的口号下开展了阿拉伯国家的对外征服。随着对外征服的进行，伊斯兰教向阿拉伯半岛以外的地区迅速传播。很快，阿拉伯帝国建立。它的疆土横跨亚、非、欧三大洲，一方面促进了地中海东南部地区的社会、经济的发展与繁荣，另一方面也带动了东西道路交通的发展。

> 波斯的失败是阿拉伯伊斯兰势力向中亚扩张的前提条件，这时，通向丝绸之路的各个绿洲城市的大道，已向阿拉伯军队敞开。[①]
>
> 而伊斯兰教在波斯以及中亚地区的传播，是伊斯兰教传入中国的前提。自古以来，中阿之间源远流长的友好商贸使伊斯兰教顺利的沿着这些丝绸之路上的地区传入中国。另一方面，中亚地区的大部分民族在隋唐之际都属于中国政府的管辖范围，他们与中国的关系密切，这些地区的伊斯兰化是伊斯兰教传入中国本土的前奏，为伊斯兰教传入中国本土奠定了基础。[②]

这种密切的关系使更多的穆斯林有机会到中国旅行，甚至定居在中国，这其中也包括地理学家。

四、阿拉伯固有文化赋予他们猎奇的性格特点

我们在中世纪阿拉伯地理学家们当中，发现这样一类作家。比起政治、地形地貌、交通道路，国王、皇族、奇特的建筑、隐藏的瑰宝、当地居民的风俗习惯、独特的动植物，甚至长生不老药等等更易引起他们的兴趣和关注。因此，遥远的中国给他们提供了这样一个“几乎天然”的故事发生的对象，既不用证实故事的真实性，也没有任何争议。这类故事很容易被

---

① [德]克森凯特:《丝绸古道上的文化》，赵崇民译，新疆美术摄影出版社1994年版，第157页。

② 马志峰:《论唐宋时期伊斯兰教在中国的传播与发展》，西北民族大学硕士学位论文，2009年，第8页。

分为两种文学体裁，特别吸引读者的注意力，即游记或者见闻录(رحلة rihla)和奇闻趣事(عجائب aja'ib)。阿拉伯地理学家们揭示了中国的文化环境。他们的关注点更多地放在社会文化上，而不是学术探索上。他们的文章中除了一些夸张和故事性的语言之外，绝大多数内容是通过亲身观察得到的，是真实可靠的。他们向读者提供了大量关于物品、风俗、民族、伊斯兰教传入中国等重要的数据和信息，这些内容向阿拉伯人揭示了有着数千年历史的中国文明。

鉴于旅行去中国的危险和困难，阿拉伯地理学家们大多通过复制水手、旅行家的见闻或当世的成果来进行写作。费琅在《阿拉伯波斯突厥人东方文献辑注》中提到，他所涉及的 46 部阿拉伯文关于东方的著作当中，仅有两种伊斯兰东方文献是真正的游记。其中之一是苏莱曼的《中国印度见闻录》；另外一个是大约 10 世纪以后，阿布杜拉·夫米撒尔·本·麦哈黑尔从不花剌去中国之后所写的游记。这其中，他只承认“到过恒河流域的印度、印度尼西亚和中国的只有一个人，那就是苏莱曼”[①]。

第二节　最早关于中国记载的阿拉伯地理文献

上述我们提到，中阿交往源远流长。陆路和海路两条丝绸之路是中国和阿拉伯民族相互交往的最主要交通路线。然而，中阿交往过程中第一本关于中国有文字记载的书籍是什么？中国有记载的书籍中第一本阿拉伯地理书籍又是什么？

葛铁鹰曾在题为《阿拉伯古籍中的“中国”研究——以史学著作为例》的博士论文中提到，这个问题未有定论。他目前见到的阿拉伯古籍中最早提及“中国”的是“阿拉伯历史上第一部语言辞典《艾因书》，作者是哈利勒·本·艾哈迈德，是阿拉伯历史上最著名的语言学家之一，也是巴士拉语言学派创始人之一。他生于 718 年、卒于 786 年，于是，《艾因书》成书

① [法]费琅：《阿拉伯波斯突厥人东方文献辑注》，耿昇、穆根来译，中华书局 1989 年版，第 14 页。

时间可推算比《历史的锁链》早一百年左右”[①]。但是这本书是语言学书籍，并不能算是我们寻找的关于中国记载的第一本阿拉伯地理学书籍。

上文提到，随着阿拉伯帝国的建立、贸易的繁荣以及科学知识文化的发展，中世纪阿拉伯地理学发展迅速，出现了大量的地理学书籍。其中，关于中国记载的阿拉伯地理学文献资料非常丰富，它们充当了道路指南或者是百科全书，目的是向人们提供未知的或者是可用的资料和观点。笔者认为，这些资源被分为两类：一是 rihla(رحلة)，我们可以称之为“游记”“见闻”等，主要是作者去过中国或者只是他们想象去过的旅行游记；二是明确的地理作品，旨在表明道路、地理位置或者介绍动植物、城市。

一、早期的“游记”类文献

“关于阿拉伯人和波斯人与印度和中国海上交通最早的阿拉伯语资料，是商人苏莱曼和回历三世纪时代其他商人的航行报告。”[②]苏莱曼是伊斯兰世界著名的旅行家。他曾到中国和印度经商旅行，回国后，于 851 年写成《中国印度见闻录》(又名《历史的锁链》，俗称《苏莱曼东游记》)。继苏莱曼之后，艾布・载德・哈桑・西拉非对苏莱曼的《中国印度见闻录》进行了增补，并在原书的基础上补写了下卷。刘半农根据法译本于 1927 年将书中的部分内容翻译出来。1936 年，中华书局出版了《苏莱曼东游记》，这本书由他和女儿刘小蕙合译。1983 年，穆根来等根据法日译本出版《中国印度见闻录》。张星烺在《中西交通史料汇编》中提到这本书“是为今代吾人所知最初阿拉伯人中国之游记”[③]，并把这本书放在“阿拉伯人关于中国之记载”专章的首位。这本书成为第一本提及中国的阿拉伯地理文献。值得一提的是，它是“外国第一部记述中国人饮茶风俗”的书。

① 葛铁鹰：《阿拉伯古籍中的“中国”研究——以史学著作为例》，上海外国语大学博士论文，2009 年，第 13 页。

② [美]希提：《阿拉伯通史》下册，马坚译，商务印书馆 1995 年版，第 377 页。

③ 张星烺：《中西交通史料汇编》第 2 册，中华书局 2003 年版，第 764 页。

除此之外，最著名的游记类文献要数《伊本·白图泰游记》。它对中国的记载篇幅不多，但涉及中国的道路、城市、生活习俗等，内容相当丰富。书中有些事件、人物、习俗与中国的史料相符，有些是中国史料上没有的。因此，《伊本·白图泰游记》不失为研究元代居住在中国的穆斯林的重要著作。

二、明确的地理作品

这一类地理作品中，第一个关于中国的记载的阿拉伯地理学书籍是伊本·胡尔达兹卜的《道里邦国志》。他奠定了用阿拉伯语撰写地理学文献，特别是伊拉克学派的地理著作的风格和模式。宋岘提出："伊本·胡尔达兹卜虽然不是流传至今的描述地理学作品的第一位作者，但他的书毕竟是迄今为止单独成帙的最早的地理学著作，尽管是后来的简写本，仍然使人有可能对他进行全面的评价。"[①]伊本·胡尔达兹卜着手编写他的《道里邦国志》的时间大约在他担任杰贝勒省邮政驿站长官的时候。与"游记"类书籍相比，他在该书中对中国的描述更加系统、客观，没有太多有趣的内容。他在书中除了写出了通往中国的道路，还给出了关于中国港口的细节，这些都是"游记"类书籍所没有的。例如，他提到"全中国有300座人口稠密的城市。其中较为著名的有90座"[②]。他的书被当作标准的参考书籍，被后人广泛使用。关于他的成书时间，据德·胡耶推断，初稿完成于846年左右，二稿的定型不早于885年。但是这个问题并没有最后定论。尽管多数学者支持德·胡耶德观点，但仍有少数人认为此书只有最后一稿。因此，如果认定第一稿的完成时间，《道里邦国志》才是真正的第一本关于中国记载的阿拉伯地理书籍。

除此之外，这类记载中国的明确的地理书籍还有很多。著名的有雅古特的《地名辞典》。雅古特全名希哈布丁·艾布·阿卜杜拉·雅古特·本·阿卜杜拉·哈马维·罗米·巴格达迪，是中世纪阿拉伯最伟大的地

① [古阿拉伯]伊本·胡尔达兹卜:《道里邦国志》，宋岘译，中华书局1991年版，译者前言。

② [古阿拉伯]伊本·胡尔达兹卜:《道里邦国志》，宋岘译，中华书局1991年版，译者前言。

理学家之一，著名辞典书籍编撰者，同时也是历史学家和文学家。《地名辞典》被誉为“集当时地理学之大成”以及“名副其实的百科全书”。关于中国的记载，这本书中专门有一章节叫作“中国”，共计1万多字。据统计，除去中国章节，作者在全书中共提到中国至少22次，其中“前言”中就提到中国11次。费琅在《阿拉伯波斯人东方文献辑注》中对中国章节进行了翻译和整理。其后，葛铁鹰在文章《阿拉伯古籍中的中国》中对费琅的内容进行修订和补充。雅古特在《地名辞典》中介绍了中国的名称、山川河流、名胜及主要城市、商道等。

中世纪阿拉伯地理文献具有很高的史料价值，这在学者中是毋庸置疑的。宋岘在《道里邦国志》的“前言”中给我们作了详细的说明：

> 原因在于，阿拉伯人的视野包括除北极以外的整个欧洲、除西伯利亚以外的亚洲，南到撒哈拉以南的非洲。与希腊人相比，阿拉伯人的世界大大超出了希腊人所知道的世界范围，即以非洲为例，撒哈拉沙漠以南的非洲在阿拉伯地理著作中首次得到详细的记述，以至于直到19世纪著名的欧洲旅行者探索非洲之前，世人对该地区的了解从未超过阿拉伯人的记载。阿拉伯人也掌握了距离他们遥远的许多地区，如北方斯堪的那维亚半岛、东方马来群岛的资料，这些资料已成为现代科学重要的证明。①

总体来说，阿拉伯地理书籍中的描述性地理学书籍更侧重于人文地理资料的汇集。这类著作除了对边远地区的情况局限于当时的知识水平或出于猎奇心理而流于荒诞之外，大部分记载是翔实可靠的。中世纪阿拉伯地理学家都是一些有识之士，他们善于通过观察搜集资料并进行写作。

对于我国来说，中世纪阿拉伯地理文献资料的一个重要的用途是，通过阿拉伯人对中国的相关记载来比勘、验证汉文典籍的记载，以此来考证我们相关年代的道路、地名、历史与文化。这具有非常重要的价值和意义。宋岘指出：

① ［古阿拉伯］伊本·胡尔达兹卜：《道里邦国志》，宋岘译，中华书局1991年版，译者前言。

唐德宗贞元(785～805)宰相贾耽记载的通西城道路,至少从碎叶到咀逻斯的路段可以与伊本·胡尔达兹比赫、古达玛、嘎尔迪古等人的相应记载相比勘、对证。例如,伊本·胡尔选兹比赫书中提到了科帕勒(Kopal)这一城镇的名字;古达玛进一步指出这个科帕勒分科帕勒与萨兀尔科帕勒两城;10 世纪下半叶成书的波新文《世界境域志》记述说此地有三镇;11 世纪上半叶成书的嘎尔迪吉《记述的装饰》十分明确地标出三镇的名称,其中一镇就是碎叶。由此可见,阿拉伯地理文献不仅给我们提供了中外文对比的史料,而且告诉我们某些西域城镇的变化或变革。又如,唐初玄奘《大唐西域记》卷一、卷十二中涉及大量粟特地区、吐火罗地区的地名。学界历来主要是依靠阿拉伯、波斯古典地理学文献进行考证。我们还发现,阿拉伯古典地理文献记载的从美索不达米亚两河河口经法尔斯还海(Fars)、拉尔海(Larwi)、哈尔肯德海(Harkand),撒拉赫特海(Salahit 或 Salaht)、昆都兰海(Kundurang 或 Kardang)、桑夫海(Sanf)、桑古海(Sangi)等七海到达中国广州的海路及其沿途许多地名,也可以与贾耽记载的广州入南海道对勘,其中撒拉赫特海在唐代称“质海”“硖”,即今马六甲海峡;昆都兰海当时称“军突弄海”,相当今天的苏门答腊、爪哇、加里曼丹之间的三角海域,即今爪哇海北部和暹南部;桑夫海当时称“占不牢海”;桑吉海则是“涨海”的译音,即我国的南海。①

中世纪阿拉伯人关于中国记载的书籍很多,我们很难找到具体的数字,更不用说涉及中国记载的阿拉伯地理学文献。冯承钧先生曾在《大食人米撒儿行记中之西域部落》中写道:“大食、波斯、突厥的著作,国内人研究的很少,其实这也是一种最重要的史料,大食、波斯、突厥文的撰述涉及东方的,可考者不下五六十种。”②张星烺先生在《中西交通史料汇编》中的“阿拉伯人关于中国之记载”专章介绍了 10 位作家的 10 部作品。费琅辑注的《阿拉伯人突厥人东方文献辑注》中涉及的作家多达 44 人,其中大

---

① [古阿拉伯]伊本·胡尔达兹卜:《道里邦国志》,宋岘译,中华书局 1991 年版,译者前言。

② 冯承钧:《西域南海史地考证译丛》,商务印书馆 1995 年版,第 186 页。

部分是中世纪的地理学家。但是这些作品大多介绍的地理范围是东方。而且，阿拉伯地理学文献大都没有保存下来。我们所了解到的，也都是通过别的文献转述。《地名辞典》虽然幸存，但是也不是全本。

第三节　阿拉伯地理学书籍中的中国形象

——以《中国印度见闻录》和《伊本·白图泰游记》为例

一、《中国印度见闻录》和《伊本·白图泰游记》的历史地位及重要性

《中国印度见闻录》(以下简称《见闻录》)是根据旅居中国的阿拉伯商人苏莱曼的亲身见闻写成的，是现存阿拉伯地理学文献中描写中国的最古老的阿拉伯游记，也是古代阿拉伯地理学发展史中的重要文献。《见闻录》记载了中国和印度的地理环境、交通路线、经济、政治、宗教、风俗习惯等具体情况。其中，记载最详细的是从阿曼到中国所经过的海洋和岛屿的情况，以及广州的风俗、宗教等。这是穆斯林关于中国和印度沿海状况的最早记录。有学者甚至认为："在《马可·波罗》问世前，苏莱曼的《东游记》与比鲁尼的《印度游记》一起，是欧洲人了解和研究远东地理的最重要的参考书。"[①]索瓦杰也提到："《中国印度见闻录》所提供的史料价值就目前来看，是任何别种著作无法比拟的，这部著作比马可波罗的著作早四个世纪，给我们留下了一部现存最古老的中国游记。尽管本书在阐述上有缺点和不足之处，但仅凭这一点，就可以被视为阿拉伯文献中的杰作。"[②]

伊本·白图泰的《伊本·白图泰游记》(以下简称《游记》)对各地的自然风光、名山大川、地理形式、城镇风貌、水陆交通等作了尽可能详细的观察和记载。因而，这本书在世界地理发展史上占有重要的地位，书中的许多段落都成了地理学家们经常引用的依据。李光斌称赞道："与其说《伊本·白图泰游记》是一本游记，莫如说，它是一本包罗万象的关于 14 世纪

① 许晓光：《天方神韵：伊斯兰古典文明》，四川人民出版社 2002 年版，第 219 页。

② [古阿拉伯]苏莱曼：《中国印度见闻录》，穆来根等译，中华书局 2001 年版，法译本序言。

上半叶亚、非、欧各国社会历史、地理、经济、民俗、宗教诸方面的不可多得的百科全书。"[1]作者对中国人民给予他的热忱接待十分感激。他称赞中国地大物博,称赞中国人心灵手巧,艺术天分很高。《游记》中记述了中国元代政府对外贸的重视和组织,对外商的管理和保护,以及泉州、广州、杭州等城市的繁荣。游记脍炙人口是研究亚非各国史迹和中阿关系的重要文献。

《见闻录》的作者到达中国的时间是唐朝,《游记》的作者到达中国的时间是元朝。这两本地理文献对当时中国的描述准确、翔实,对加深中阿双方的相互了解、增进中阿人民之间的友谊起到了重要的作用。

二、《见闻录》和《游记》中的中国形象分析

1.《见闻录》中的中国穆斯林形象

《见闻录》中提及穆斯林的情况很少,只有两处。

一是商人苏莱曼记述的当时广州蕃坊的情形。

> 穆斯林商人苏莱曼提到,在商人云集之地广州,中国官长委任一个穆斯林,授权他解决这个地区各穆斯林之间的纠纷,这是照中国君主的特殊旨意办的。每逢节日,总是他带领全体穆斯林作祷告,宣讲教义,并为穆斯林的苏丹祈祷。此人行使职权,并未引起伊拉克商人的任何异议。因为他的判决是合乎正义的,是合乎尊严无上的真主的经典的,是符合伊斯兰法度的。[2]

杨怀中也在《伊斯兰教在中国》中提到:

> 在唐代,侨居中国的穆斯林有自己的教长、法官的职权,不仅限于广州,其他中国城市,有穆斯林的地方,就有穆斯林的法官、教长。[3]

二是广州居民起来抵抗黄巢军。黄巢军将广州居民围困在城内,攻

---

① 李光斌:《伊本·白图泰中国纪行考》,海洋出版社 2009 年版,第 31 页。

② [古阿拉伯]苏莱曼:《中国印度见闻录》,穆来根等译,中华书局 2001 年版,第 7 页。

③ 杨怀中:《唐代的番客》,宁夏人民出版社 1982 年版,第 107 页。

打了很长时间。最后，黄巢军攻破城池，屠杀居民。熟悉中国情形的人都知道，这场战役死伤无数，除去中国人，仅居住在广州城中的信奉各种宗教的商人包括伊斯兰教徒、犹太教徒、基督教徒、拜火教徒，死亡的人数就将近 12 万。虽然这个数字可能被夸大，但是这也间接反映出唐代广州就已经有很多穆斯林居住和生活了。

唐宋时期，包括阿拉伯、波斯诸国商人在内的蕃商入华经商，进一步沟通了东西方的交往，增进了相互间的了解和友谊。同时，诸多蕃商频繁来华，以致侨居中国，更为经济的繁荣和阿拉伯文化以及伊斯兰教在中国的传播做出了极为重要的贡献。伊斯兰教在两宋时期的传播，其实跟唐代一样，主要是在留居和侨居的阿拉伯人、波斯人及其后裔中间传播，这是伊斯兰教在中国传播初期的一大特点。

2.《游记》中的中国穆斯林形象

伊本·白图泰到达中国时，正值中国的元代。他到中国后，每到一地都有当地穆斯林接待。同时，他还拜访当地的穆斯林教长、法官和富商。他说：

> 穆斯林商人来到中国任何城市，都可以住在一位定居在中国的穆斯林商人家里，或住在旅店里。
>
> 在我到达刺桐城的那一天，正遇到那位带着礼品奉命到印度去的使者，他曾同我们一路结伴，后来他船只沉没而他得以身免。他看到我便与我寒暄问候，并把我介绍给海关官吏，蒙他给我找到一所较好的住所。穆斯林法官阿载比人氏塔杰丁来看我。他是一位忠厚的长者；又有穆斯林教长伊斯法罕人氏开玛尔丁·阿卜杜拉来看我，他是一位善良的学者。另外还有许多大商人前来，其中有大不里士商人赛洛奋丁，他是在我初到印度时曾借钱给我的商人之一，也是待人较好的一位商人。这些商人由于侨居异乡，一见有穆斯林到来就欢喜若狂地说："这是自伊斯兰国土来的。"大家便把应交的天课交给

他,他一下子就会变成像他们一样的富翁。[①]

提到城市里的穆斯林社区时,伊本·白图泰说:

城里有一地区是穆斯林区,内有清真寺和道堂,以及街市,还有法官、教长各一人。中国每一城市都有教长一人,总管穆斯林事物。另有法官一人,处理穆斯林间的诉讼。

在秦克兰我住在新雅人奥哈爱定家里,他是一位家财巨万的善良人士,在他家居住十四天。在这段时间里,每天都受到法官和其他穆斯林的招待和馈赠。[②]

到达汗沙城(即今日杭州)时,伊本·白图泰说:

我们到达时,有法官赫伦丁,当地的谢赫·伊斯兰,以及当地的穆斯林要人——埃及人士欧斯曼·伊本·安法尼德儿子们,都出城迎接,他们打着白色旗帜,携带鼓号。城长也列队出迎。

第三日进第三城,穆斯林们住在此城内,城市美丽,市街布局如伊斯兰地区一样。内有清真寺和宣礼员,进城时正当为晌礼宣礼时,声闻远近。

在此城,我们寄宿于埃及人士欧斯曼·伊本·安法尼之子孙的家中。他是当地一大巨商,他十分欣赏此地,因而安居于此,该城亦以此而出名。他的子孙在此继承了他的声望,他们继承了其父辈的怜贫济困之风。他们有一道堂,亦以欧斯曼尼亚著名,建筑美丽,慈善基金很多,内有一批苏菲修道者。欧斯曼还在该城修建了一座清真大寺,捐赠该寺和道堂大量慈善基金,该城的穆斯林很多。[③]

对比《见闻录》,从伊本·白图泰的《游记》中,我们可以得到以下认识:

---

① [古阿拉伯]伊本·白图泰:《伊本·白图泰游记》,马金鹏译,宁夏人民出版社 1985 年版,第 120、559 页。

② [古阿拉伯]伊本·白图泰:《伊本·白图泰游记》,马金鹏译,宁夏人民出版社 1985 年版,第 543、551 页。

③ [古阿拉伯]伊本·白图泰:《伊本·白图泰游记》,马金鹏译,宁夏人民出版社 1985 年版,第 557 页。

(1)自唐代初期穆斯林进入中国境内以来,由于往返时间太长,他们中的很多人都以来华贸易的“蕃商”的身份定居在中国,并形成“聚集地”。《宋史·大食传》中记载:“熙宁中,其使辛押拖罗乞统察“蕃长司”公事,诏广州裁度。”[①]可见,当时已经设有蕃长司这一机构,地方政府对它直接管辖。

居住中国的穆斯林在两宋时期相对于以往来说,无论是居民数量、拥有的财富数量,还是居住环境、社会影响力等各方面,都有明显的提高。《游记》中提到的在华穆斯林,都是中国东南沿海地区的穆斯林上层人物。他们不仅是当地具有影响力的巨商,而且拥有一定的职务,如教长、法官。他们定居于此,在当地有着重要的地位,该地区也因为他们而出名。和《见闻录》中来华的穆斯林相比,他们来自更多的国家和地区,如阿拉伯、波斯、埃及、摩洛哥、伊朗等。

(2)元朝对各种宗教采取兼容并蓄政策,伊斯兰教在中国各地可以自由地进行宗教活动并传播、发展。从唐到宋,伊斯兰教在中国传播的区域不断扩大。《游记》中提到:“中国各个城市都有穆斯林居住的地区。”[②]这一描写是非常真实的,与伊本·白图泰访华几乎同时的中山府(今河北定县)《重建礼拜寺记》中也有类似的记载。伊本·白图泰还提到,各地都有清真寺、宣礼员以及谢赫·伊斯兰(意为“伊斯兰之长”或者主教、宗教长)。而且元代时的穆斯林在中国的地位非常重要。从这几点我们可以看到:首先,伊本·白图泰到达中国后,中国的可汗和地方长官对他表现出了热烈的欢迎和高规格的接待。其次,穆斯林商人在中国经商非常安全。伊本·白图泰称中国为“最安全最美好的地区”。居住在中国的穆斯林之所以能够安全地经商甚至成为当地的巨富,与政府的保护和支持是分不开的。所以,相比于唐宋时期,元朝时的穆斯林占有更加重要的地位。

---

① (元)脱脱:《宋史·大食传》,中华书局1977年版,第14121页。

② 邱树森:《伊本·白图泰眼里的中国穆斯林》,《西北第二民族学院学报》(哲学社会科学版)1993年第1期。

三、《见闻录》和《游记》中的君主形象

1.《见闻录》中的君主形象

《见闻录》中描写皇帝的地方并不多,主要有以下几处:

印度人和中国人都一致认为,世界上有四个国王。而四个之中,第一个是阿拉伯人国王,他们一直毫无异议的认为阿拉伯人的国王是最伟大的国王,最富有的国王,最豪华的国王,是无与伦比的伟大宗教之主。中国国王仅次于阿拉伯人之主,位于第二。其次是罗马人的国王。最后是穿耳孔人的国王巴拉哈·拉雅。

至于皇帝,每十个月方能见一次。他说:"如果老百姓见到我,我就不会受到尊敬。威信只是通过傲慢才能维持。普通的百姓,根本不懂道理,因此,对他们应该表现得非常高傲,方能让他们尊重自己。"

关于皇帝居住的京城胡姆丹,我们也向伊本哇哈卜打听到一些信息。他告诉我们,这座城市很大,人口众多,一条宽阔的长街把全城分为两半。

还有一件事情提到中国的皇帝,关于一个原籍是呼罗珊的人,来伊拉克采购了大批货物,运到中国去卖。皇帝的宦官到他那里给皇帝选购舶来品和珍宝,但他却不愿意卖,之后,宦官把商人的好货都拿走了。这个商人就到京城去拜见皇帝,并把这件事上报,皇帝革去了宦官的职务,并对他说:"你简直该当死罪。你叫我落到去见一个吝啬的商人的地步。他从我国西部边境的呼罗珊,到阿拉伯,然后从那里经过印度各国,来到中国。他是来我国寻求恩惠的。可是,你却希望他回去的时候,向各地的人说:我在中国遭到了无情的虐待,财产也给强占去。"

中国东部临大海,有锡拉诸岛。岛上居民是白色的人,他们每年向中国朝廷纳贡,他们说如果不向中国君主纳贡,那么他们那里就不

下雨。[1]

2.《游记》中的君主形象

《游记》中没有直接对于中国君主的描写，但是有一些对于君主居住的宫殿的描写：

> 可汗的宫殿位于城的中央，专供可汗居住，其建筑多为精工雕刻的木质结构，布局独具风格，有门七座：第一座门内，由守门提督坐守，门内左右两旁都设有高台，台上是守门奴隶，其数为五百人。有人告诉我说，他们原是一千人。第二座门内坐守者为弓箭手，其数为五百人。第三座门内坐守者为长矛手，其数为五百人。第四座门内坐守者为刀盾手。第五门内为宰相官衙，内设许多拱篷，最大拱篷内设一极高极大的坐垫，供宰相坐憩，他面前摆设着一大金墨盆。相对这一拱篷的是秘书的拱篷，其右侧是信函秘书的拱篷。宰相拱篷的右侧，是事务书记拱篷。与此四座拱篷相对的是四座拱篷：其一是管理官衙，总管坐守其中。其二是税收官衙，其长官是一大长官，这里的税收是指官吏、长官采邑以外的余额。其三为申诉官衙，由一位大长官及几位法学家和录事坐守。凡有冤屈者，可向他们鸣冤申诉。其四是邮驿官衙，汇报长官坐守其中。皇帝的第六门由御林军在总长官统帅下坐守。其七门，则由青年男仆坐守，他们共有拱篷三座，其一是阿比西尼亚人拱篷，其二为印度人拱篷，其三为中国人拱篷，每队都有一名中国人任队长。[2]

在伊本·白图泰到达汗八里京城时（伊本·白图泰到达北京时，应为元朝最后皇帝顺帝时，顺帝没有战死，而是逃亡），他说："后来奖可汗和他的约百名堂兄弟、亲属和亲信的尸体运回京城，为可汗建一大陵墓，那实际上是一大地下宫殿，里面铺满精美地毯，陈设着可汗生前使用的武器和

---

① 以上引自[古阿拉伯]苏莱曼：《中国印度见闻录》，穆来根等译，中华书局 2001 年版，第 17、108、117、30 页。

② [古阿拉伯]伊本·白图泰：《伊本·白图泰游记》，马金鹏译，宁夏人民出版社 1985 年版，第 562 页。

金银器皿,并由使女四名、亲近奴隶六人殉葬。”①

《见闻录》中直接描写中国君主的地方并不多,没有出现君主的容貌。《游记》中更是没有描写中国君主的地方,只有描写君主宫殿的片断。但是,从以上这些我们还是可以看出,中国的皇帝在阿拉伯人心中是十分神圣的,甚至是理想化的。他是世界四大国王中“仅次于阿拉伯国王”的王,人们如果不按照他的要求纳贡,天就会不下雨。他拥有辽阔富饶的土地,他的卫城十分气派,可以称得上是气势恢宏、至高无上、超凡脱俗。通过描写,我们发现,宫殿建筑的整理布局采用的是多层并且中轴对称的方式,更显得庄严、肃穆。同时,阿拉伯人眼中的皇帝也是十分谦虚亲善的。他既有高高在上的地位,也愿意了解世界各地的情况。麦斯欧迪也在书中写下了这个故事,并在故事最后补充道:国王好好款待了商人一番,同意他返回汉古瓦,并对他说:“若你本人确实愿意把我们选中的货物卖给我们,我们将于高出市场的价格收购;若你不愿意那样做,你可以全权随意处理你的货物。总之,只要你愿意,想住下来就住下来,想怎么卖货就怎么卖货,想去哪里就去哪里。”这个故事的记述称赞了国王的秉公办案。阿拉伯地理学书籍中描写的中国君主对阿拉伯使节和商人都有着亲切的态度。

四、《见闻录》和《游记》中对于中国手工艺品和民俗习惯的描写

1. 关于中国手工艺品的描写

关于工艺品,《见闻录》中没有直接的描写,《游记》中对中国瓷器有一些描写。伊本·白图泰说:

> 至于中国瓷器,则只在刺桐和隋尼克兰城制造。采用当地山中的泥土,像烧制木炭一样燃火烧制。其法是加上一种石块,加火烧制三日,以后泼上冷水,全部化为碎土,再使其发酵,上者发酵一个月,但亦不可超过一整月;次者发酵十天。瓷器价格在中国,如陶器在我

① [古阿拉伯]伊本·白图泰:《伊本·白图泰游记》,马金鹏译,宁夏人民出版社1985年版,第563页。

国一样或者更为价廉。这种瓷器运销印度等地区，直至我国马格里布。这是瓷器种类中最好的。[①]

中国的瓷器是世界上最精致的产品，在世界上极负盛名，远销到印度以及阿拉伯地区。伊本·白图泰在书中多次提到中国的瓷器，称中国的瓷器制作精美复杂。他还提到："与我国的花瓷砖相似，但它的颜色更加鲜艳，花纹烧制更加精美。"[②]

对于中国人精湛的技艺，伊本·白图泰在书中说："中国人是各民族中最精于工艺者，这是远近驰名的，许多人在作品中已不惮其烦地谈到。譬如绘画的精巧，是罗姆等人所不能与他们相比的。他们在这方面是得天独厚，具有天才的。我们在这里所见到的奇异，就是我只要走进一座城市，不久再回来时便看到我和同伴的像已被画在墙上、纸上，陈列在市场上。我曾去素丹的城市，经过画市，我率同伴们到达王宫，我们穿着伊拉克服装，傍晚从王宫回来，经过上述那一画市，便看到我和同伴们的像已画在纸上，粘在墙上，我们都面面相觑，丝毫不差。有人告诉我说，这是素丹下令画的，画家们在我们去王宫时早已来到，他们望着我们边看边画，而我们却未察觉，这也是中国人对过往人士的惯例。如外国人做了必须潜逃的事，便将他的画像颁发全国搜查，凡与图形相符者，则将他逮捕交官。"

不管是瓷器、丝绸、绘画或是其他手工艺品，都展现了中国人民娴熟的手艺。"在古代阿拉伯人对中国的各种赞誉中，最为集中、评价最高的是手工艺品。"[③]中国人精湛的手工艺品以及中国人的心灵手巧闻名于世，以至于10～11世纪的穆斯林学者撒阿利比说："阿拉伯人习惯把一切精美的或者制作精巧的器皿，不管真正的原产地为何地，都称为'中国

---

① [古阿拉伯]伊本·白图泰:《伊本·白图泰游记》，马金鹏译，宁夏人民出版社1985年版，第546页。

② 参见[古阿拉伯]伊本·白图泰:《伊本·白图泰游记》，马金鹏译，宁夏人民出版社1985年版，第548页。

③ 葛铁鹰:《阿拉伯古籍中的"中国"研究——以史学著作为例》，上海外国语大学博士论文，2009年，第18页。

的’。直到今天,驰名的一些形制的盘碟仍然被叫作‘中国’。在制作珍品异物方面,今天和过去一样,中国以心灵手巧、技艺精湛著称。”[①]麦斯欧迪也在《黄金草原》中写道:“至于说中国人,那他们就是真主造出来的、各种技艺最为娴熟的人,雕刻以及手工制作技能可谓炉火纯青,在任何一种工艺上其他民族的人都难以望其项背。”[②]

2. 关于中国民俗习惯的描写

关于民俗习惯,《见闻录》和《游记》中都有很多的描写。

《见闻录》中的描写有:“中国人不带头巾。”“中国人吃死牲畜。女人的头发露在外面,中国女人让其头发随意飘动。”“中国人崇拜偶像,他们在偶像前做祷告,对偶像毕恭毕敬。中国人有宗教书籍。中国人和印度人屠宰牲畜时,不是割其喉让血流出,而是击其头致死。”[③]

《游记》中描写的中国的民俗习惯有:“中国人是膜拜偶像的异教徒,像印度人一样火化尸体。”“中国的异教徒食用猪狗之肉,并在市街上出售。他们生活富裕,但不讲究吃喝。你看他们中的一位资财富有的巨商,却披着一件粗布大衣”等等。[④]

从这些民俗习惯的描写,我们可以看出,阿拉伯人眼中的中国人安居乐业、家道殷实,但是却十分勤俭。对于日常生活中的有些事情,由于宗教的原因,阿拉伯人是不能理解的。从这两本书的描写,我们发现,阿拉伯人对于中国民俗习惯的描写都是非常随意松散的,甚至有夸大夸张的嫌疑。伊本·白图泰描写中国的鸡,体格非常大,“只得分两锅煮”。他说,“我以为它是一只鸵鸟”。鸡主人甚至告诉他,“在中国还有比这更大的呢”。[⑤]

---

① 张广达:《西域史地丛稿初编》,上海古籍出版社 1995 年版,第 437～438 页。

② 葛铁鹰:《阿拉伯古籍中的“中国”研究——以史学著作为例》,上海外国语大学博士论文,2009 年,第 19 页。

③ [古阿拉伯]苏莱曼:《中国印度见闻录》,穆来根等译,中华书局 2001 年版,第 10、20、23 页。

④ [古阿拉伯]伊本·白图泰:《伊本·白图泰游记》,马金鹏译,宁夏人民出版社 1985 年版,第 546、547 页。

⑤ [古阿拉伯]伊本·白图泰:《伊本·白图泰游记》,马金鹏译,宁夏人民出版社 1985 年版,第 555 页。

第四节 阿拉伯地理文献中的中国形象特点

一、在中世纪阿拉伯地理书籍中,中国的整体形象是正面且美好的

从经商角度看,中国幅员辽阔,物产丰富,港口众多,非常适宜经商;政府制度严明,财产安全,商人们公正、守信;中国人心灵手巧,精于手工艺品。君主在阿拉伯人眼中也是贤明智慧之人,他拥有至高无上的权利,并且秉公办案。麦斯欧迪曾描写道:“中国国王是体恤之王、善于治国之王、精于工艺之王。世界上没有比中国国王更加注重体察民情和善待士兵百姓的国王。他坚毅果敢、勇猛无比,拥有无数时刻整装待发的军队和无数的牛羊、兵器。他养兵之道与巴比伦国王们一样。”①从伊斯兰教传入中国的角度,我们发现,自唐代初期穆斯林进入中国境内以来,他们多以来华贸易的大食、波斯的“蕃商”的身份定居,形成了“聚集地”。两宋时期,穆斯林在中国无论是人数上,还是社会影响力等各方面,都有着显著的提高;到了元代,这种情况更甚,穆斯林在中国的地位更加重要。

二、中世纪阿拉伯地理学书籍中关于中国的记载具有连贯性

中世纪阿拉伯地理学书籍中关于中国的记载具有连贯性,对于中国形象的认知也具有一贯性。从时间上看,我们所选定的时间区间是中世纪,阿拉伯帝国经过了几个王朝,而中国经历了唐、宋、元几代。从第一本记载中国的阿拉伯地理文献《中国印度见闻录》一直到阿拉伯地理学走向衰落的13世纪完成的《伊本·白图泰游记》,阿拉伯人对于中国的描写从未中断过,是一脉相承的。阿拉伯地理学家都很热衷于对中国形象的描述。从内容上看,不管是游记类著作还是明确的地理学著作,阿拉伯人在书中对中国形象的描述一贯是比较正面而美好的。

---

① [古阿拉伯]麦斯欧迪:《黄金草原与珠玑宝藏》第1卷,贝鲁特时代书局1988年版,第160页。

三、中世纪阿拉伯地理学书籍中关于中国的记载存在的一些问题

阿拉伯人对于中国形象的描写存在着想象性和随意性。他们曾描写中国的鸡比鸵鸟还大。出于吸引读者的目的，作者把所见到的一切精美的手工艺品都称为中国产的。另外一个问题就是，"阿拉伯地理学家们相互抄袭是最常见的现象"。例如，麦斯欧迪在《黄金草原与珠玑宝藏》中的很多内容都抄袭自《中国印度见闻录》，描写对吉篾王的征战也出自艾布·载德。扎伊哈尼的著作则抄袭了伊本·胡尔达兹卜和伊本法齐赫的作品："伊本·白图泰引自伊本·朱拜尔的段落让我坚持自己的看法更具有说服力。"[①]尽管如此，通过学者们与汉文古籍的对比研究，我们发现，阿拉伯地理学虽然有很多奇闻和抄袭现象，但它的大部分内容还是通过实际观察得出的，不仅翔实而且可靠。

小　结

在这一章节，我们着重通过阿拉伯地理学作家的作品这一外部视角来反观中国文化以及价值观，通过这一特殊视角具体分析了阿拉伯地理学家看待中国人与中国文化的总体印象以及价值取向，以此拓宽了对中国文化的认识视野，并发掘出阿拉伯人远行至中国的真正原因。我们考察了第一部描写中国的阿拉伯地理学作品，选取了中世纪两篇不同时期的具有代表性的阿拉伯地理学文献，通过研究两位地理学家对中国形象的刻画与描写，从定居中国的穆斯林、君主以及中国人的民俗习惯三个方面，探寻阿拉伯伊斯兰文化与中国文化是如何在相互碰撞中求同存异的，阿拉伯人民是如何对中国保持持久、稳定、美好的印象的。

中阿友谊源远流长。阿拉伯古籍中的中国形象研究是近年来学界关注的重要课题。"它不仅有助于追溯中阿两大民族友好交往的历史渊源，

① [法]费琅:《阿拉伯波斯突厥东方文献辑录》，耿昇、穆根来译，中华书局 2001 年版，第 20、21 页。

也有助于我们在尚未得到充分利用的阿拉伯古代文献中发掘出有价值的中国文化资源。更重要的是，它是增进今天中国和阿拉伯各国人民之间的相互了解，促进双方友好关系的持续发展具有积极意义。”同样也“适用于解释阿拉伯人民自古至今，记述、描绘与评价中国之话语体系的形成与传承”[①]。

① 葛铁鹰：《阿拉伯古籍中的“中国”研究——以史学著作为例》，上海外国语大学博士论文，2009年，第134页。

第六章　中世纪阿拉伯地理学对欧洲地理学的影响

第一节　中世纪阿拉伯地理学对欧洲地理学影响的几种观点

谈到中世纪阿拉伯地理学对欧洲的作用及影响，我们常会听见东西方、中外学者们的各种声音，其中比较集中的观点一般围绕着这些词："东学西渐""独立发展""继承""传承""桥梁""回顾""启蒙"等。如果把阿拉伯科学放在科学通史的谱系中，它恰好处在希腊科学与近代科学之间，而阿拉伯地理学对于欧洲科学的作用也主要有三种观点：一是独立发展，没有影响；二是起到传承作用；三是起到启蒙作用。我们首先要研究的是中世纪阿拉伯地理学对欧洲有没有影响，这是后续研究的重要前提。有一些研究者试图把阿拉伯伊斯兰文化与古希腊文化之间的继承关系阻断，仅仅只是单独研究阿拉伯文化的传播或者是希腊的文化，并不认为两者之间有什么关联。笔者希望通过本书的讨论能够对上述几种观点提供一定的佐证。

西方学者们经常重复这样一个观点，就是欧洲地理学思想的复兴主要萌发于"回顾希腊著作"的诉求。自现代地理学诞生以来，人们更多的是将研究重点放到地理学的思想历史和这一社会科学的演变上。对于很多西方学者来说，在论及阿拉伯人对于地理学的贡献时，都会承认其是闪耀的，但同时也认为，阿拉伯地理学是一种“独立”发展，只间接地影响着欧洲地理学的新生。还有一些现代地理学家想要完全忽视 700～1400 年阿拉伯伊斯兰文化的发展成果，尽管这些成果被很多的地名词典、旅行记录和推测所标注或提及。他们认为，阿拉伯伊斯兰文化对西方地图制作和地理学思想的影响很少，甚至没有。还有其他一些人相信，一旦西方学术主义开始盛行，被认为是一个时代的“辉煌”的穆斯林地理就开始走向“下降”和“衰退”。雷蒙德的评论代表了这种态度：“欧洲的眼界被极大地扩展了，所有吸引萨拉森人野心的都被挫败了，尤其是它的地理学的视野，它对世界实用的和科学的认知被扩大和加深了。但是它的最伟大的对手已经有了衰败的迹象，尽管辉煌依旧，却更像是进入了衰败期。”

事实证明，人类文化的发展在很大程度上归功于各地区、民族或者国家之间相互的交流。美国人类学家博厄斯指出：“人类的历史证明，一个社会集团，其文化的进步往往取决于它是否有机会吸取邻近社会集团的经验。一个社会集团所获得的种种发现可以传给其他社会集团；彼此之间的交流越多样化，相互学习的机会就越多。”[①]所以我们可以理解为，欧洲地理学的复兴和发展不能撇开阿拉伯地理学的贡献，而独立从希腊文化中发展起来。它是在欧洲和阿拉伯伊斯兰民族之间相互交流、相互学习中不断进步的。这种交流可能通过和平的途径，也可能通过战争的途径。

恩格斯说“基督教的中世纪什么也没留下”，并把这段历史称之为“中世纪的黑夜”。但欧洲在文艺复兴时期成为了近代各种实验科学的圣地，故恩格斯又指出：“近代实验科学是从欧洲文艺复兴时代开始的。”[②]徐善伟提到了一个新的概念——“东学西渐”。东学西渐的定义是：“西方人重新回到地中海世界，与文化发达的拜占庭帝国和伊斯兰—阿拉伯帝国所

① [美]斯塔夫里阿诺斯：《全球通史：从史前史到 21 世纪》，吴象婴等译，北京大学出版社 2006 年版，第 279 页。

② [德]马克思、恩格斯：《马克思恩格斯全集》第 3 卷，人民出版社 2006 年版，第 445 页。

进行的文化交流的最重要成果,便是古希腊与阿拉伯的科学与哲学涌向文化荒凉的拉丁基督教世界,即所谓的东学西渐浪潮。”[①]就地理范围而言,这次文化交流的中心是地中海地区各民族。所谓的西方是指拉丁西方,即今日的西、南欧。所谓的东方是指阿拉伯伊斯兰帝国,还包括东欧拜占庭。这也证明了阿拉伯科学对于西方的重要影响。

在中世纪早期,有这样的说法:“欧洲的古希腊罗马成就并未得到继承和发展,而地理环境的阻碍又使中国的科学文化难以直接传播到欧洲。拜占庭的科学文化虽然对近代欧洲也有影响,但架起西方古近代科学文化桥梁的却主要是阿拉伯科学文化。因此,我们得到的结论是,可以这样说,在古希腊与西方基督教世界之间,要不是阿拉伯人介入的话,可能会完全中断。”[②]基于此,我们可以得出结论,阿拉伯地理学对欧洲地理学的发展是有重要作用的。

第二节 中世纪阿拉伯地理学对欧洲地理学发展的作用

关于阿拉伯地理学对于欧洲人思想的影响范围,学者们多有争论。基于以前的认识,人们曾断言,中世纪欧洲地理学和早期的现代地理学的发展是或多或少独立于穆斯林的贡献之外的。不过,我们上文就已经提到,这一观点看起来是相当传统和过时的,因为它是一种情绪化的结论,并且忽视了历史和文化的进程。笔者认为,阿拉伯地理学在各个方面都对欧洲地理学的发展产生了重要的作用。这种重要的作用主要体现在两个方面:一是阿拉伯地理学对于希腊地理学的传承作用;二是阿拉伯地理学本身吸收、融合、创新而成的自身地理学贡献,启蒙了欧洲思想界。

一、传承作用

阿拉伯地理学的第一个作用是对于希腊著作的传承。古希腊典籍主

① 徐善伟:《东学西渐与西方文化的复兴》,上海人民出版社2002年版,第46页。

② 黄跃庆、刘奕:《中世纪阿拉伯科学文化的源流及影响》,《阿拉伯世界》1990年第3期。

要通过三种语言被了解:第一种是直接从希腊文到拉丁文,第二种是通过阿拉伯语到拉丁文,第三种是通过阿拉伯语到希伯来语。这其中,古希腊的典籍主要是通过阿拉伯语被欧洲人所熟知的。因为大量的古希腊典籍被阿拉伯人翻译成阿拉伯语,不仅如此,阿拉伯人还对其中的一些经典著作进行翻译并添加了评议。徐善伟在《东学西渐与西方文化的复兴》中提到:"自11世纪下半叶到12世纪末,自阿拉伯文译成拉丁文中的希腊典籍流传更广一些。自希腊文直接译为拉丁文的译作32部,而自阿拉伯文译成拉丁文的译作中所含的希腊著作为54部。"[①]对于拉丁学者们而言,阿拉伯语的译文与希腊的原稿相比是更容易理解的,更何况很多原稿都已经被遗忘和丢失了。

阿拉伯文明在地理学方面与中世纪欧洲的联系地点包括以下几个:西班牙、西西里岛和地中海的亚洲部分沿岸。以阿拉伯语为母语的人们从文化角度占据着地中海周围的主导地位,在亚洲贸易中占领导地位并且深入到非洲大陆。当那个时候的西方世界感觉到需要深入学习新鲜的知识时,都是一成不变地求助于阿拉伯文原始资料的。因此,12世纪和13世纪学者的主要任务之一便是翻译。大量的科学文献,包括地理学的资料都从阿拉伯文翻译成拉丁文,而完成这一任务的翻译者则来自欧洲的各个地方。

学者们大多对于"传承"方面没有太多异议,他们怀疑的重点在13世纪后的穆斯林地理学。很多现代地理学家对这一时期的地理学的贡献评价不高,普遍将其视为贡献贫瘠的时代而很轻易地将其置之脑后。尽管很多早期作者的创意已经遗失,但要说地理学的文献不再包含有价值的信息,是廉价的仿制品,这就过于武断了。事实上,马拉盖和撒马尔罕的工作在天文学和数学、地理学领域是具有很高价值的。欧洲的旅行者在很大程度上都依赖于穆斯林的原始资料作为他们的参照信息。马可·波罗在他的波斯的记述中使用了很多地理学的名字,并且陈述了他在锡兰

① 徐善伟:《东学西渐与西方文化的复兴》,上海人民出版社2002年版,第57页。

从穆斯林航海图表中推断出的信息。

西方的学者频繁地重复着一个论点,即阿拉伯地理学思想的复兴主要萌发于"回顾希腊著作"的诉求,而"十字军东征时代"的广大影响则因为在十字军东征时期与阿拉伯伊斯兰世界的广泛接触而被区别对待。在那个时代,君士坦丁堡的衰落确实为后者提供了学习的动力,但这一作用不应该被过度地夸大。由于这些学者的这一倾向,就导致了一个扭曲的评判世界文化历史的观点的出现,给予了欧洲所有复兴思想一种特殊的氛围,还促成了一种完全把文化隔离在外的不科学的思想。实际上,阿拉伯地理的主题并不是一无是处,其在地理学的演变中确有一定的作用和功绩,对它的评价要客观且适当。

到文化并不能在一个封闭的空间中独立发展,它是一个广泛地接触、行动和反应的过程。十字军时代,西方欧洲的复兴是一个充满了智慧的、具有实质意义的政治运动。就像这次战争中不断发展的艺术、旅行、贸易和传教等领域,科学也最终被一个新的侧面完全改变。但是在涉及科学的其他分支上,没有一项的进步是能比得上地理学的伟大的。美国学者希提认为:

> 在11世纪以后,阿拉伯地理学依然有很多著名的地理学家闪现出来。最著名的地理学家是白克里,他是一个西班牙的阿拉伯人;而在12世纪,甚至是整个中世纪时期最著名的地理学著作家和制图家,是易德里西,他是西班牙一个阿拉伯王室的苗裔,曾在西班牙受教育。他是西方穆斯林有著作流传下来的最早的地理学家。他活动于科尔多瓦,1094年死在那里,死时已达高龄。他是一位文学研究家、诗人、语言学家,他因大部头的地理学著作而获得名声,他的名著叫作《列国道路志》(al-Masalik w-al-Mamalik,المسالك والممالك),这部书像中世纪时代大部分地理学著作那样,是以旅行指南的体裁写成的。这部书只有一部分流传下来。易德里西于1100年生于休达,曾为西

西里岛上诺曼国王罗吉尔二世的宫廷增光。①

在这之后，阿拉伯的地理文献就没有那么伟大的独创力了，只有一些著名的旅行家的游记，如伊本·祝拜尔、伊本·白图泰等。伊本·祝拜尔曾在1183～1185年进行了伟大的朝觐之旅。他从格拉纳达动身到麦加去朝觐天房，然后回国。在这期间，他游历了埃及、伊拉克、叙利亚，而当时叙利亚的部分土地还在十字军的手中。他还游历了西西里岛，并利用两个机会，到东方去旅行：一次是1189～1191年，另一次是在1217年。但后一次，他只到达亚历山大港就去世了。他第一次旅行的游记在阿拉伯文学中是最重要的游记之一。伊本·祝拜尔的游记的成就是不能同著名的地理学家、世界旅行家伊本·白图泰的游记相比拟的。前文我们对此进行过介绍。伊本·白图泰是摩洛哥的阿拉伯人，其代表著作《伊本·白图泰游记》是具有代表性的阿拉伯地理学书籍。

二、启蒙作用

欧洲学者们不得不承认，欧洲深受阿拉伯伊斯兰文化涌现的知识所影响，为当时处于文化黑暗的欧洲带来了光明，促进了科技知识文明的“大解放”，导致了欧洲文艺复兴的到来。爱尔兰学者乔治·汤逊在谈到阿拉伯伊斯兰文明对欧洲科学方面的巨大影响时说：

> 由于作为文学奇迹的《古兰经》的核心地位，以及阿拉伯人对自己语言的骄傲，阿拉伯语和阿拉伯文学都占有着重要的地位。各大院校纷纷成立，里面挤满了来自各国的学生；各个领域的题目都产生了伟大的成果；图书馆里收集了数以十万计的书籍；哈里发们遍搜全球，找寻知识；派出远征队前往异国求取各种学问；他们雇用了大量的翻译员，把希腊、埃及、印度和犹太的著作译为阿拉伯文；他们尽心学习文法和法律，大规模地编印了许多的字典、辞典、百科全书；他们从中国引进了纸，从印度引进数字系统（通常称为阿拉伯数字）。阿

① ［美］希提：《阿拉伯通史》下册，马坚译，商务印书馆1995年版，第518页。

拉伯文成为世界语;哈里发们会邀请一些国际知名的文人到宫里来,各国的学者、哲学家、诗人、文法家常会在首都的大书店里不期而遇。

他们在实用与抽象科学上发展的速度和文学一样快。在实验科学、医学、解剖学、化学、物理、地理、数学、天文各方面,阿拉伯人都是领先全球。他们发明了一种全新而独特的建筑风格,糅合了典雅和力感,并且采用自然光。这种建筑风格可以在印度、爪哇、中国、苏丹和整个俄罗斯地区看到;他们发展了各式各样的工业,改良了农业和园艺;借助引进、使用航海用的指南针,他们的船通行四海,而商队维系了帝国内各省的贸易,他们运送着印度和中国、土耳其斯坦和俄罗斯、非洲和马来群岛的产品。

辉煌的巴格达市充满了清真寺与宫廷、学识的殿堂和芬芳的花园,成为伊斯兰世界里其他都市争相模仿的对象,如巴士拉、布卡拉、格拉那达和哥多华等都市。据载,哥多华在最繁华的时候有二十万户上百万的人口。人们在入夜以后可以走在铺设很好,又直又有照明达十六公里的街道上,而在欧洲的巴黎,数百年以后还没有铺设路面的街道,伦敦也还没有公共照明。①

可见,伊斯兰教先进的文明确实影响了欧洲的生活和思想。这一点可以从伊斯兰在西西里和西班牙的前哨站体现出来,也能从阿拉伯学者的智慧和阿拉伯大学的资源中体现出来,还能从商人、外交人员、旅者、军人、水手和重新被征服的农民身上体现出来。新观念、新技术、新态度在各方面从伊斯兰世界传递给了西欧。

科学史学者乔治·萨顿曾谈到中东的“东方智慧”影响了西方的“三次大浪潮”。第一次来自埃及和美索不达米亚(希腊罗马时代),第二次来自以色列(基督教),第三次来自阿拉伯和波斯(中世纪)。

因此,阿拉伯科学的影响不仅仅体现在“翻译”和“传承”上,阿拉伯地理学也是如此。马坚认为:

---

① 转引自蔡德贵:《中世纪阿拉伯人对哲学和科学的贡献》,《阿拉伯世界研究》2008年第3期。

> 阿拉伯人在地理学上的著作是极其重要的。在好几百年内，欧洲人把某些阿拉伯地理学著作当作研究地理学的主要资料。例如易德里西的著作译成拉丁文后成为欧洲各大学的地理教材，欧洲人在300年间，以此书作为地理学的权威。这部伟大的著作总结了前人的记载，加上作者亲身的见闻和调查研究者的报告，书中附有精密的地图。这些地图包括尼罗河的发源地和赤道地区的湖泊，那是欧洲人在近百年之内发现的，由此可见，阿拉伯人的地理知识是正确丰富的。[①]

之前我们已经叙述了阿拉伯地理学的发展，这其实只是通过地理学体现的伊斯兰教文明的进步和智慧的新生中的一小步。地理学的发展，都与一个更新的科学精神紧密相关，这一精神超越了原有的权威，达到了新的高度。阿拉伯人把古典的和东方的知识加以同化，并通过他们自己的天才把两者结合起来，加速推动了科学的发展，并用自己的智慧启蒙了欧洲。阿拉伯文化主要通过西班牙、西西里岛传入欧洲。11～13世纪的十字军东征、翻译运动使阿拉伯文化的西传达到高潮，对于欧洲的文化产生了巨大的影响，促进了欧洲的文艺复兴。正如学者们所言："阿拉伯伊斯兰文化复兴了人类追求的科学文化天性，如果说希腊人是人类科学文化之父，那阿拉伯人便是它的养父。"[②]在地理学方面，阿拉伯地理学对欧洲地理学的发展起到了至关重要的作用。

第三节 中世纪阿拉伯地理学对欧洲地理学的影响

学者们对于阿拉伯地理学对欧洲的影响还在争论中。之所以存在争论是因为现存的资料中很少有介绍阿拉伯地理学对欧洲的影响的。但笔者还是从一些零散的资料中发现了一些证据，显示了东西方地理学联系

---

① 马坚：《阿拉伯文化在世界文化史上的地位》，《回族文学》2011年第4期。

② 纳忠、朱凯、史希同：《世界文化丛书——传承与交融：阿拉伯文化》，浙江人民出版社1986年版，第307页。

的痕迹，可作为一些论据。

如希提认为：

阿拉伯人的地理学研究，对于西方的影响是有限的。他们保持了古代的地圆说，没有这种学说，发现新大陆就是不可能的。这种学说的代表者是巴伦西亚人艾卜·欧拜德·穆斯林·巴伦西。他们继续鼓吹印度的一个观念，认为世界的这个已知的半球，有一个"圆屋顶"或者"顶点"，坐落在与四个方位基点距离相等的地方。这一"艾林"(Arin)理论，写进了1410年出版的一本拉丁语的著作里。哥伦布从这本著作里知道了那条原理，因此，才相信大地像一个梨子，在西半球上与"艾林"相对的地方，有一个相应的崇高的中心。但是，在天文地理学和数学的领域中，还是对西方学术界贡献了一些新颖的概念。[①]

中世纪阿拉伯地理学的文献内容和新的地理观念作为一种创新的知识，是世界文明中不可或缺的部分。佩德罗·阿方索清晰地从阿拉伯人的模型中推断出了世界地图的草图。他仿写了七大洲，并把北方作为地图的上端。亨利·美因兹在1110年编纂了地理学的论著，其中包括一张地图。圣奥马尔的兰伯特写了一本百科全书，在这本书里，他提出了自己的地理学观念——地圆说，并在原稿中加入了地图。赫尔曼在1143年撰写了关于宇宙志的论著，书中包含天文学和地理学的内容。

文森特是法国多米尼亚岛的一位学者，死于1264年。他是一位图书管理员，同时也是路易斯九世的家庭教师。艾森特编译了一本百科全书。这是一本里程碑式的著作，书中很多地理学和地质学的材料是从阿拉伯的原始文献中翻译来的。死于1280年的阿尔伯特是另一位来自多米尼亚共和国的杰出的作家，非常有智慧。他既不懂希腊语也不懂阿拉伯语，对于大量书籍的学习和文献的阅读都是通过以拉丁文为媒介达成的。而且，他认真研究过阿拉伯伊斯兰文化，并从阿拉伯地理学思想中受益。罗

---

① [美]希提:《阿拉伯通史》下册，马坚译，商务印书馆1995年版，第570页。

杰·培根的《大著作》(*Opus Majus*)中充斥的地理学文献都来自阿拉伯语的原始资料。《影像世界》(*Image du monde*)于 1246 年写成。这部书在很大程度上受到了阿拉伯伊斯兰文化的影响。*Konungsskuggsja* 是一部杰出的地理学和百科全书式的著作,它在古代挪威被一位不知名的作家于 1217～1247 年写成。作者是一位牧师或者宫廷的专职教士。这部作品受到了阿拉伯地理观念的影响,作者认为地球是圆的。另外,书中大量的材料来源于十字军东征和归来的朝圣者的记述。

关于文学地理学方面,希提指出:文学的伊斯兰教地理学对于欧洲中世纪的思想没有直接的影响,因为这些地理学著作没有被译成拉丁语。但是如前所处,阿拉伯在文学地理学领域的学识达到了一个很高的水准。它在理解剥蚀、地震、造山等地理名词的作用上,构造地质学甚至是大陆板块漂移过程中的兴趣已经逐渐显示出来。例如,论述“精诚同志社”“伊本·西纳”和“比鲁尼”的作者就经常提及这些事件。所以,欧洲对于这些进步的观点并不是持完全忽视的态度。

天文地理学中的某些方面,包括艾布·麦耳舍尔提出的关于潮汐成因的学说和地球经纬线的长度的观点等都传入了西方。西方天文地理学中的很多名称和术语来自于阿拉伯天文地理学家,绝大多数出现在欧洲语言中的星宿名称且都来源于阿拉伯语。例如,“蝎子(عقرب,crab)、小山羊(الجدي,Algedi)、飞鸟(الطير,Altair)、尾巴(ذنب,Deneb)、牛犊(فرقد,Pherkad)等。另外,大量天文学术语,如地平经度(السموت,azimuth)、天底(نظير,nadir)、天底(السمت,zenith)等,也均来自于阿拉伯语。[①] 由此可以证明,阿拉伯伊斯兰文化给黑暗的欧洲贡献了极具价值的天文地理学遗产。

中世纪地图制作的成就主要体现在航海手册和航海图表的创造上。它们的起源是未知的,但是它们的出现满足了海上活动,可以让海上航行扩展到更加分散的地域。一位欧洲的历史学家公正地评论道:那个时候(15 世纪)的阿拉伯人知道指南针的用法,拥有航海图和地图,各个国家

① 参见[美]希提:《阿拉伯通史》上册,马坚译,商务印书馆 1995 年版,第 521 页。

的位置被精确地标注在地图上。他们有象限仪，并用它了解太阳的高度和地区的纬度。

麦格迪西早在10世纪后期的著作中就提及阿拉伯人的航海知识。他在描述印度洋海域航行的过程时写道：

> 我与船长、领航人和数学家、代理商和商人一起出发，他们把生命投掷在这片海域，为这片海域的各种知识而着魔，为它的风和它的波浪而着魔。我经常往返于他们中间，告诉他们关于海洋的位置、它的物理特性和它的局限性等问题，并和他们探讨。我也亲眼所见他们所拥有的图表和航海名录。从这些资料中，我谨慎鉴别，并把这些和我所观察研究得到的信息相结合，并把它与已经谈及的图表相比较……①

图表的使用被马可·波罗进一步证实。马可·波罗承认，他的关于锡兰海岸和周围海洋的知识获取自海上水手绘制的航海图。

中世纪阿拉伯地理学在一定程度上对欧洲的天文数学、地图制作领域和欧洲复兴的地理学产生了很大的影响，这种观点逐渐被学者们相信和承认。阿拉伯帝国和欧洲的接触从未停歇。它们进行贸易和商业活动，在社会习俗、文化传播各方面进行交往。因此，欧洲的进步思想不可能对阿拉伯人在地理学上的成就完全没有察觉。

中世纪欧洲对于马可·波罗所贡献的大量关于地球表面的新的事实所着魔。欧洲思想仍然保持充满宗教信仰的反启蒙主义态度。这阻碍了地理学、其他科学分支以及人类知识的发展。有两样事物在中世纪欧洲人的思想中占着惊人的比重：一是基督教神父们虚假的地理学概念，另一个就是大量过时的传统地理学观念，如斯特拉波、托勒密的观念等等。任何与这些观念相反的观念，尽管是建立在真实观察基础上的，也是不能为人们所轻易接受的。因此，对于阿拉伯世界了解的地理学的一些知识，他们不能明显地接受是可以理解的。但是除去这种不情愿，欧洲的科学家

① [埃]哈尔吉·萨尔特：《走进文化史》，知识出版社1987年版，第78页。

们始终直接或间接地借鉴和参考着翻译自阿拉伯语的大量的地理学文献。

非洲很多地方的知识，比如撒哈拉、苏丹（加纳、几内亚海岸的一部分、塞内加尔和尼日尔），推断这些地点的信息主要是来源于中世纪阿拉伯地理学的主要判断。因此，大量的中世纪阿拉伯地理学的理念和理论被灌输到西方，并影响着西方文明的发展。这些观念和信息主要体现在地球的尺寸、形状，海洋、地质的演变进程，气候、植被和动物的分布，非洲新大陆的知识，遥远的东方和亚州中部的状况，地图的制作技术，器械的使用技术等等。

总而言之，12～15 世纪是一个过渡和妥协的时代，是一个吸收、融合和创造的时代，是阿拉伯伊斯兰文化和基督教文化紧密联系的时代。其结果是创造了欧洲的新的核心文化，这种文化在本质上深受希腊阿拉伯的拉丁文化的影响。15 世纪后半叶，印刷技术发明，这使得更多的阿拉伯的科学著作被翻译出来，并反复地印刷。阿拉伯科学的影响在欧洲一直持续了几个世纪。

小　结

如果我们能够全面地考察阿拉伯伊斯兰文化与基督教文化在中世纪的交往，就会清楚地发现，前者对于后者的影响非常大。通过西班牙和西西里岛两座桥梁，由阿拉伯语凝聚的人类文明的智慧结晶汇入欧洲的科学思想之中，给欧洲文化的发展带来光明，成为欧洲自然科学兴起和文艺复兴产生的巨大推动力。因此，欧洲学者诚恳地指出：

> 今天，当我们迈进“一个世界”的时代，西欧人民的一项重要的任务就是……要充分承认我们从阿拉伯人和伊斯兰世界所获得的一切。[①]

---

① W. Montgomery Watt. *The Influence of Islamic on Medieval Europe*. Edinburgh University Press, 1972, p. 84.

古希腊数学和阿拉伯数学传入了欧洲，推动了欧洲计算数学的进步；古罗马天文学和阿拉伯天文学传入了欧洲，对欧洲天文学的迅速发展，起到了至关重要的作用；古希腊医学和阿拉伯医学传入欧洲，丰富了中世纪欧洲的病理学、眼科和外科，为欧洲近代医学的产生奠定了基础；古希腊地理学和阿拉伯地理学传入欧洲，使欧洲接受了经过修改的正确的古希腊地理知识以及阿拉伯地理学观念，发现了欧洲地理学家没有发现的新奇大陆，对欧洲地理学的发展产生了至关重要的作用。[①]

当然，有一个问题是我们不能忽视的，那就是中世纪欧洲具备了接受阿拉伯伊斯兰文化的心理要求和时代条件。上文我们也提到过，中世纪早期的欧洲基本上是在黑暗当中渡过的：自然经济占统治地位，社会经济发展水平低下，罗马文明在日耳曼统治者的混战和教会推行的愚民政策下逐渐毁灭，科学文化在较长时期内处于停滞和落后状态，被称为"黑暗的欧洲"。这种状态下是不可能接受新的文化的。"一个能够接受新文化的根本原因是信仰维系方式在此时已经走向解体和新理性维系方式开始萌芽。在理性维系方式的社会文化时代，人们所具备的最高的品质就是探索真理的热情。"[②]因此，理性思维方式开始在欧洲萌芽，阿拉伯伊斯兰文化开始进入欧洲，影响欧洲文艺复兴，成为欧洲文化的重要组成部分。

---

① 李荣建：《中古时期阿拉伯文化与西方文化的交流》，《河南师范大学学报》（哲学社会科学版）2007 年第 4 期。

② 刘建军：《阿拉伯文化对欧洲中世纪文化的影响》，《北方论丛》2004 年第 4 期。

结 语

10 世纪前后，阿拉伯地理学的发展达到顶峰，盛行一时。自然环境赋予阿拉伯人对地理学的兴趣。礼拜正向的规定、朝觐制度的确立、海外贸易的兴盛、交通邮务的发达、人民之间往来的频繁、国际关系的发展，使阿拉伯人产生了对地理学研究的需求，也促使阿拉伯地理学兴起并取得长足的进步。阿拉伯人继承了宝贵的科学文化遗产，成为科学火种的保存者和继承者，在科学技术的各个方面都做出了巨大的贡献，对欧洲乃至整个人类文明进步产生了不可估量、举世公认的影响，尤其在地理学方面的贡献，更给后人留下不朽的遗产。通过对中世纪阿拉伯地理学较为客观和全面的描写和分析，本书得到以下结论：

1. 阿拉伯人自古以来就对地理学有着浓厚的兴趣，自然环境也赋予他们了解地理认识的直接资源。贾希利亚时期的人们把对地理认识的经验写进了诗歌当中，《古兰经》和圣训中也有关于地理认知方面的信息。但是，包含在古代阿拉伯诗歌和《古兰经》、圣训中的地理资料和信息，都反映了阿拉伯人对于地理认知的局限性——仅仅停留在地理认识的范畴，但它们为真正阿拉伯地理学的出现和发展打下了坚实的基础。另外，伊斯兰教的宗教义务也极大地推动了阿拉伯天文学和真正地理学的产生和发展。

2. 中世纪阿拉伯地理学兴起于 10 世纪。阿拉伯的古老文化和阿拉伯人的聪明才智，只是促使阿拉伯文化产生的一个重要因素；社会实践的需要才是阿拉伯伊斯兰文化产生和发展的根本原因，也是地理学兴起和发展的根本原因。但是，如果不具备必要的文化基础，阿拉伯地理学的产生和发展也是不可能的，而阿拉伯伊斯兰文化中的各种外来文化是阿拉伯地理学发展的必要的文化基础，特别是希腊文化。

3. 中世纪阿拉伯地理学具有资料来源丰富、视野开阔、国际化等特点，它与历史发展关系密切，同时，深受外来文化与伊斯兰教的影响。伊斯兰教对于地理学的影响主要体现在三个方面：首先，《古兰经》和圣训中有很多地理认知的材料，这些材料对人们今后对地理学的认识产生了重要的影响。其次，伊斯兰教重视理性，鼓励人们去探求真理。正是这种理性主义的哲学思想，导致了中世纪伊斯兰世界科学的繁荣，其中也包括了地理学。最后，伊斯兰教对阿拉伯地理学观念的形成有促进作用。

4. 中世纪阿拉伯地理学家在猎奇、贸易往来、求知、传播伊斯兰教等原因的推动下，到中国旅行。第一本有关中国记载的阿拉伯地理书籍是《中国印度见闻录》。通过《中国印度见闻录》及《伊本·白图泰游记》这两部具有代表性的阿拉伯地理学书籍，特别是其中对于中国的描写，我们发现，阿拉伯伊斯兰文化与中国文化在相互碰撞中求同存异，阿拉伯人民对中国一贯保持了持久的、稳定的、美好印象。这是中阿友谊源远流长的力证。

5. 阿拉伯地理学在漫长的中世纪对欧洲地理学的发展产生了重要的贡献。这种重要的贡献主要体现在两个方面：一是阿拉伯地理学对于希腊地理学的传承作用；二是阿拉伯地理学本身吸收、融合、创新而成的地理学理念和信息启蒙了欧洲思想界。在中世纪阿拉伯伊斯兰文化与基督文化交往的过程中，前者对于后者的影响要更加巨大。通过西班牙和西西里岛两座桥梁，由阿拉伯语凝聚的人类文明的智慧结晶，汇入欧洲的科学思想之中，给欧洲文化的发展带来光明，成为欧洲自然科学兴起和文艺复兴产生的巨大推动力。

国内学者在阿拉伯地理学的研究上略显零碎，国外的资料由于跨专业对于地理专业知识的要求很高，增加了翻译和整理的难度。因此，中世纪阿拉伯地理学这个课题在国内的研究还是略显薄弱。由于时间紧、能力有限以及跨专业的难度,笔者对本书的写作还有很多需要改进和提高的地方。至少在两个方面应进一步加深研究:

1. 中世纪阿拉伯地理学繁荣发展,地理学家层出不穷,有价值的地理文献浩如烟海。有更多的阿拉伯地理学书籍等待我们去翻译、梳理和研究,这会使我们得到更多有价值的资源。

2. 不仅阿拉伯地理文献中有有关中国内容的记载,中国古代众多文献中同样记录着中国人到阿拉伯旅行以及阿拉伯人在中国的生活情况。如果能够将两者相结合并进行对比研究,那么将会增加更多可供考证的资料,更能增进中国和阿拉伯各国人民之间的友谊。

总之,笔者尽力较全面和客观地对这一课题进行了初步的研究,更深入的研究还需要更多学者的努力,以便共同进步。

附　录

宁夏打造面向阿拉伯国家旅游目的地着力点选择

郭筠　刘艳华

摘　要：丰富的旅游资源和特色鲜明的回族文化，使宁夏具备了面向世界独具特色的旅游优势。“中阿经贸论坛”的承办、宁夏内陆开放型经济试验区建设，等为宁夏打造面向阿拉伯国家和地区的旅游目的地提供了重要契机。在此背景下，本文全面分析了宁夏打造面向阿拉伯国家旅游目的地的条件和制约因素，重点提出了宁夏打造面向阿拉伯国家旅游目的地的着力点选择。

关键词：阿拉伯国家；旅游目的地；着力点选择；宁夏

旅游目的地是拥有特定性质旅游资源，具备了一定旅游吸引力，能够吸引一定规模数量的旅游者进行旅游活动的特定区域。丰富的旅游资源和特色鲜明的回族文化，使宁夏具备了面向世界独具特色的旅游优势。“中阿经贸论坛”的承办以及宁夏内陆开放型经济试验区建设等，为宁夏打造面向阿拉伯国家和地区旅游目的地提供了重要契机。通过积极的战略谋划，深度开发旅游资源，是宁夏打造面向阿拉伯国家旅游目的地亟待研究和解决的重要课题。

一、宁夏打造面向阿拉伯国家旅游目的地的条件

1. 具有丰富的旅游资源优势

宁夏位于我国的西北地区东部，陆地面积仅占全国陆地总面积的0.54％，但旅游资源类型占全国旅游资源基本类型的48.8％。在全国10大类、95种基本类型旅游资源中，宁夏占8大类46种。在自然旅游资源方面，宁夏有高山、沙漠、草原等。黄河穿境而过形成了众多湖泊湿地，其自然景观既具有北方的雄浑粗犷，又有南方的妩媚秀丽，被誉为“新天府”。“一河两山两沙两文化”（黄河，六盘山、贺兰山，沙湖、沙坡头，回族文化、西夏文化）构成了宁夏旅游资源的主体。除此之外，雄浑的塞外风光、古老的黄河文化、旖旎的塞上江南、神秘的西夏古韵、奇异的大漠风光、悠远的丝路文明等，都为宁夏打造面向阿拉伯国家的国际旅游目的地奠定了坚实的资源基础。

2. 具有特色鲜明的民族民俗文化

宁夏是我国最大的回族聚集区。2011年，全区常住人口639.45万，其中回族人口21万，占34.77％，约占全国回族总人口的1/5，是名副其实的“中国回乡”，被阿拉伯人称为中国的“穆斯林省”。宁夏具有灿烂多彩、特色鲜明的回族民俗文化，如饮食文化、建筑文化、民间艺术、服饰文化、语言文化、宗教文化、伦理道德等等。宁夏面食中的馓子、油香、花花子、荞面圈圈、臊子面、麻食子、揪面片、炒糊饽（炒饼）、粉汤饺子、面茶等风味小吃，深受广大游客喜爱。牛羊肉中的手抓羊肉、清汤羊肉、蒸羊羔肉、烩肉、牛羊杂碎等远近闻名。兼具阿拉伯式、汉式宫殿式及庙宇型三种风格的清真寺建筑，是伊斯兰文化与中国传统文化相结合的产物。经文书法、“花儿”、民间剪纸和刺绣、民间器乐等回族民间艺术具有浓郁的民族特色和较高的审美价值。

3. 具有明显的人文条件和地缘优势

中华民族与阿拉伯民族都具有悠久的历史和灿烂的文化。据《史记·大宛传》记载，汉武帝时已派使者前往，此后历时2000年，双方关系从

未中断。7～13世纪，中阿两大文明同处于世界文明的顶端。两千年前的“丝绸之路”是中国和阿拉伯国家相互交往的最主要线路，宁夏作为丝绸之路东段北道的必经之地发挥了十分重要的桥梁纽带作用。进入21世纪，中阿合作已经制度化。2004年，开始在宁夏举办的“中阿合作论坛”，顺应了中阿人民巩固传统友谊、加强互利双赢合作关系的共同要求，也体现了中阿关系的历久弥坚和中阿传统友谊的强大生命力。由于宁夏集地理、人文、资源优势于一身，不仅已成为中阿论坛的永久承办地，而且日益成为中国与阿拉伯国家交往合作的“前沿阵地”。

宁夏地处西北腹地，银川作为西北省区首府之一，空间上比北京、上海、广州、西安等中心城市更接近中东、中亚、南亚等穆斯林世界，比临近的兰州、西安等大城市更具拓展空间和负载潜力，拥有依托论坛经济打造全国中等城市、西北中心城市和东亚腹地国际城市的区位优势。另外，宁夏不属于边疆省份，可免去边疆地区对外深度交往和开放带来的诸多安全与稳定问题。宁夏物产丰富，不仅有足够的生活和生产用水及稳定的粮食安全保障体系，拥有丰富的电力、煤炭和石油等能源，还拥有发达的航空、公路、铁路等系统。

二、宁夏打造面向阿拉伯国家旅游目的地的制约因素

1. 回族文化旅游资源的挖掘深度不够

近年来，宁夏已开发了一些回乡旅游项目，但从整体上看，宁夏回族文化旅游资源的挖掘还不适应打造面向阿拉伯国家旅游目的地的需要，主要体现在：回族文化的物象特征体现不足，除清真寺和清真饭店外，展示回乡风情的建筑文化的载体与典型城市景观十分缺乏。中国最大的回族风情园——“中华回乡文化园”，基本停留在以文物观光为主的旅游发展初级阶段，与目前旅游业以休闲度假为发展方向，以互动娱乐为产品设计潮流的发展趋势明显不符；对历史文化只是进行了初级的挖掘整理，对历史、宗教、习俗、文化资源等缺少产品化、有形化的开发和利用，旅游观光项目单一，区域整体回族文化氛围不浓。

2. 旅游目的地的形象定位不够清晰

旅游目的地的形象往往要通过旅游形象口号(又称“主题语”)体现出来,但是宁夏目前旅游形象口号不清晰,旅游目的地定位与品牌化仍很滞后,没有正确的形象定位,缺乏形象的连续性,很难让公众产生认同感和归属感。宁夏的旅游主题口号为“雄浑西部风光,秀美塞上江南”“塞上江南,神奇宁夏”等,这些口号不能充分展现宁夏的民族区域特色,很难对外地旅游者产生吸引力,因而存在着感召力不强的缺陷。

3. 旅游行业人才断档现象非常突出

在宁夏,无论是自治区,还是各市县,对旅游人力资源开发规划都不够重视,自治区迄今还没有制定一部科学的旅游业人力资源开发规划。没有整体的规划,使旅游人力资源开发管理部门对自治区旅游业需要什么人才、应当如何进行培训、采取何种具体措施培训等都没有明确规定,这些因素都对宁夏整个旅游培训工作的效果和质量带来了不利影响。目前活跃在宁夏各旅游部门和领域,尤其是宾馆、饭店的相当一批旅游从业人员,在走上旅游业岗位前大多未曾接受过正规的专业教育,从业后也普遍缺乏岗位培训。原自治区旅游局培训中心虽然举办过多次“导游等级评定培训班”“旅行社总经理(部门经理)岗位资格认证培训班”,但旅游培训主要还是组织手段单一的导游考试,对旅游业人才需求的满足程度远远不够。而且,旅游培训中心的机构附属于自治区旅游局的下属单位,办学条件较差,师资力量严重不足,难以全面承担起宁夏旅游培训工作的重任。

三、宁夏打造面向阿拉伯国家旅游目的地的着力点选择

1. 要在民族特色城市规划的建设上取得积极突破

一要进一步挖掘整理回族文化遗产,要在打造“塞上旅游名城”的主题定位下,高起点规划城市文化景观,提升城市文化品位。二要借鉴相关省区经验,建设集旅游、购物、餐饮于一体的回族旅游商品购物一条街。三要规划建设一个回族历史文化博物馆,充分展示回族的历史文化与生

产生活情况，宣传在宁夏革命和建设中曾经做出过卓越贡献和有历史影响的杰出回族人物。四要加快建设回族风情园等旅游景区（点），重点建设好永宁纳家户回族风情园，以集中展示宁夏回族风情、大漠风光、自然景观等旅游特色。

2. 要在深度开发已有的旅游资源方面取得积极突破

一要依托宁夏丰富的自然和人文旅游资源，发挥塞上江南自然风光旅游优势，加快发展观光、休闲、度假游。突出“塞上江南新天府，贺兰山历史文化，六盘山红色生态”旅游板块优势，深度开发在国内外具有较高知名度的沙湖、沙坡头、西部影视城、西夏王陵、泾源老龙潭、六盘山红色旅游、盐池县革命老区游等精品旅游品牌。二要深入挖掘文化内涵，大力开发以黄河文化、回族文化、西夏文化、移民文化、边塞文化等为依托的文化旅游产品。三要加快开发以经贸招商为主体，以清真产品穆斯林用品等特色产品，以民族商贸、设施园艺、回商大会等特色精品商务会展为平台，以国际会议中心、银川新华商圈、银川牛街、国际穆斯林商品城、永宁望远现代物流园区、吴忠清真食品穆斯林用品物流园区等为依托，不断开发商务旅游精品。四要突出主题，不断创新，深度开发工业旅游、乡村旅游、科普旅游、红色旅游、节庆旅游、“农家乐”、水利旅游、移民风情旅游、宗教文化旅游等专项旅游产品。

3. 要在深入挖掘回族文化活动项目方面取得积极突破

一要大力开发互动娱乐项目，开发以“开斋节”“古尔邦节”“圣纪节”三大节日为内容的宗教文化游，吸引国内外旅游者特别是伊斯兰国家的旅游者，到具有中国及阿拉伯国家建筑风格和特色的古老清真寺、传统文化积淀深厚的回族穆斯林村落，参观宗教礼仪和宗教建筑，了解伊斯兰教的文化历史，与宁夏穆斯林共同欢度穆斯林节日。到具有传统与现代建筑风格结合、民族特点与现代氛围浓郁的银川牛街以及各回族聚居城市的回民商业一条街旅游购物、品尝清真美食等。二要深度开发回族民俗商品，重点开发回族盖头、回族长袍、回族礼拜时的座毯、回族地毯、回族纱巾等生活用品和二毛皮加工、贺兰石工艺、回族书法、字画等回族艺术品加工制作。在开发中注重产品的深加工，增强产品的艺术性和存储性。三要加强回族文学、歌舞、乐器和体育项目的整理，深入挖掘回族民间艺术形式，如剪纸、雕塑、各种手工艺品等，深入开发回族特色食品和饮食文化等，使旅游者能充分体验回族衣、食、住、行中独特的民俗文化。

4. 要在充分展示回族文化资源方面取得积极突破

要加快建立各行业联动工作机制，共同打造面向阿拉伯国家高端特色旅游目的地。要借鉴上海世博会、昆明世博园、沈阳世博园的建设经验，创建穆斯林文化博览园，通过开展文化展示活动、休闲娱乐活动、综合服务活动、庆典展演活动、商务工作活动等，展示穆斯林独特的民族历史、民俗文化和自然风情，吸引国内外游客特别是阿拉伯国家游客到宁夏观光旅游，让中外游客充分感受穆斯林生活的智慧和乐趣。借鉴浙江义乌小商品市场的发展模式，树立大市场、大流通理念，建设具有现代物流特性的国际商贸和商品集散地，在形成小商品加工中心、清真食品穆斯林用品加工中心的基础上，推动建设银川国际小商品博览中心、中国宁夏小商品博览中心、中国宁夏穆斯林用品博览中心，打造穆斯林商业街等，吸引国内外及伊斯兰国家的商人到此进行商务、会展、旅游购物等活动。

5. 要在加强旅游服务设施建设方面取得积极突破

要以满足旅游、商务、文化交流者吃、住、行需要为目的，建设一批适应对外开放，满足旅游、商务、文化交流者需要的旅游服务设施。当前，要从建设内陆经济试验区和面向阿拉伯国家开放需要出发，在银川选址建设一座风格独特、功能齐全、汇聚鲜明阿拉伯建筑风格，集办公、客房、会议、餐饮、写字、娱乐、公共服务等设施齐全、管理良好、具备五星级饭店设计标准的，为来宁夏的阿拉伯国家的商务、文化、教育、政务、外交、旅游等各方面人员服务的现代化的国际穆斯林大厦。大厦除具备五星级标准外，在建筑风格上要体现鲜明的阿拉伯建筑特点，在房间布局、附属设施配备上，要完全按照穆斯林风俗习惯予以配置；在餐饮服务上，要按照22个阿拉伯国家的饮食特点，配备各具特色和风格的餐饮服务。同时，还应建设穆斯林从事宗教礼仪活动的专门场所，从而使国际穆斯林大厦既服务于宁夏的对外开放、满足多方面的需求，又让国内外穆斯林入驻后有宾至如归方便舒适的感觉。

6. 要在加大旅游业人才培养力度方面取得积极突破

一要加快建立符合宁夏区情的旅游职业培训制度，改革旅游培训管理体制，创新培训方式，建立符合宁夏旅游行业要求的旅游培训制度与运行机制。要将饭店评星、创建中国优秀旅游城市、旅游景区点等评定与旅游培训紧密结合起来，使旅游从业人员的培训由“软指标”变成“硬指标”，使旅游行业人才培训形成长效机制，使岗前培训、上岗培训、轮岗培训以及岗位知识技能更新培训等形成制度。二要继续办好宁夏大学、北方民族大学旅游管理本科专业，针对面向阿拉伯国家国际旅游目的地建设需要，增开阿拉伯语和穆斯林国家历史、文化等专业课，为宁夏培养旅游高级管理人才。三要有计划、有目的地对旅游宾馆、饭店、商店、各景点服务人员、导游人员、旅行社服务人员等进行全面培训，实行资格证书制度，持证上岗制度，改善服务，提高服务质量。与此同时，为促进目的地建设，还应采取相应的优惠政策，重视高层次旅游专门人才尤其是具有阿拉伯国家知识背景人才的引进。

7. 要在强化旅游资源对外宣传促销方面取得积极突破

一要主动组团、主动出访阿拉伯国家和地区，商谈旅游合作事宜，并邀请这些国家旅游部门和旅行社官员来宁夏进行考察。二要积极开展与阿拉伯国家在电视、报刊、文化、体育、学术等领域的交流与合作，加快建立与中东阿拉伯国家的国际旅游对话与合作机制。三要制作精美的旅游宣传片，通过在阿拉伯国家媒体（电视、广播、互联网）播放、播出、刊载以及通过派出旅游宣传促销团等方式，吸引阿拉伯国家及国内外游客到宁夏来观光旅游等。四要积极向阿拉伯国家宣传推介“中阿经贸论坛”，诚挚邀请国内外政府机构、知名企业、各类投资商、经济组织、中介服务机构和社会团体参会参展，通过“中阿经贸论坛”促进商务旅游。

参考文献：

[1]赵桂燕：《宁夏沿黄城市带旅游一体化信息平台构建研究》，青岛

大学硕士论文,2010 年。

[2]梁向明等:《浅论宁夏的旅游培训》,《市场经济研究》2002 年第 3 期。

[3]王正伟:《认清形势振奋精神坚定不移地推进跨越式发展——在市、县(区)党政领导干部培训班上的讲话》,《宁夏党校学报》2009 年第 11 期。

[4]张庆宁:《中国西部地区旅游业发展的思考》,中国西部农村经济与地区可持续发展国际研讨会暨第二届中国西部开发研究联合体年会,2005 年。

[5]陆培勇、郭筠:《从阿拉伯旅游文化特点探析宁夏旅游开发路径》,《第三届中国·阿拉伯国家经贸论坛理论研讨会论文集》,宁夏人民出版社 2012 年版。

[6]王林伶:《中阿旅游合作与宁夏面向阿拉伯地区旅游目的地建设》,《第二届中国·阿拉伯国家经贸论坛理论研讨会论文集》,宁夏人民出版社 2011 年版。

[7]李莜:《回族民俗风情旅游资源开发与保护研究——以宁夏纳家户村为例》,云南大学博士论文,2011 年。

[8]杨学燕:《宁夏回族民俗文化旅游资源开发探析》,《干旱区资源与环境》2009 年第 2 期。

[9]李春阳、许心:《实现宁夏旅游产业跨越式发展的定位研究》,《西安交通大学学报》(社会科学版),2009 年第 7 期。

(原载《宁夏社会科学》2013 年第 4 期)

中世纪阿拉伯伊斯兰地理学发展及其特点初探

郭 筠

摘 要:中世纪阿拉伯伊斯兰文化在世界文明史上有着卓越的贡献,具有承前启后的作用,尤其是在地理学方面,给后人留下了不朽的文化遗产。本文根据阿拉伯原文材料,对阿拉伯地理学的起源、发展的主要影响因素及特点等进行了较为详细的阐述,并认为,进行该项研究对于我国实施“向西开放”战略具有积极的意义。

关键词:中世纪;阿拉伯;伊斯兰;地理学;向西开放

中世纪阿拉伯伊斯兰文化在世界文明史上具有承前启后的作用,是人类知识宝库的瑰宝,尤其是在地理学方面,给后人留下了不朽的文化遗产。截至目前,国内学者关于中世纪阿拉伯伊斯兰地理学(以下简称“阿拉伯地理学”)的论述并不多。本文根据阿拉伯原文材料,对其发展与特点进行了初步评析。

一、阿拉伯地理学的起源

阿拉伯地理学的产生具有一定的历史、自然条件成因。7 世纪初伊斯兰教产生以前,阿拉伯文化在某些领域是受限制的,语言、诗歌以及部落血缘等方面对其都有影响,因而蒙昧时期的人们无法获取系统的地理学知识,但是,他们生活的自然环境却赋予了他们了解这方面知识的可能性。阿拉伯人(指阿拉伯半岛的居民)对地理的兴趣主要基于他们所生活的环境。古老的贝都因部落在半岛的各个角落迁徙,他们需要准确地了解道路位置，以便寻找水源和草料。因此，很久以前，在贝都因人之中，就已经出现了一批人，我们可以称之为“带路人”“职业地理学家”。由于他们所处的沙漠自然环境一年中大部分月份的天空都晴朗无云，星体布满了整个天空，为了能够准确掌握各个部落的位置，他们初步掌握了沙漠动植物学、沙漠地形学乃至天文学的相关地理文化知识，包括星球及其运动轨迹。同时，他们也了解一些关于阿拉伯半岛方位的地理学知识，这些知识经常以对地点的描述或者对习俗、传统、动植物的描述等形式，反映在诗人的诗歌中。可以说，阿拉伯古诗是早期地理学写作中的一个重要的信息资料来源。在诗歌中，我们经常可以看到洼地、水井、山地、丘陵等词以及对环境的描述，由此可见阿拉伯人对他们国家地理现象的重视程度。然而，阿拉伯人虽然对地理学有着浓厚而迫切的兴趣，但是他们还需要一些激发因素，诸如扩大势力范围、增加贸易机会、加强文化交流和强有力的宗教热诚等，这样才能推动地理学不断向前发展。

二、阿拉伯地理学的发展及其影响因素

阿拉伯地理学萌芽于7世纪，这一时期，阿拉伯征服者及商人们的足迹到过亚、非、欧甚至更远的地方，为阿拉伯地理学积累了丰富的感性认识。发展于8世纪中叶的阿拔斯王朝哈里发曼苏尔时代，以翻译和整理古希腊罗马的地理著作特别是托勒密的著作为特点。兴盛于9～11世纪，其间阿拉伯人在继承古希腊罗马地理学的基础上，撰写了大量的地理著作，如花剌子密的《世界的形象》、伊本·库达特拔编著的丛书《道路与国家志》、雅库比的《列国志》、马苏第的《黄金草原和宝石宝藏》等等，为世界文明的发展做出了巨大贡献。7世纪初，伊斯兰教的出现对阿拉伯地理学发展产生了根本性的作用，此后一段时期，推动地理学发展的因素有很多，其中比较突出的有：

1. 翻译运动

750年的阿拔斯王朝时代，阿拉伯文化空前繁荣，而翻译运动的开展对阿拉伯文化的繁荣发展有着重要的推动作用。这一时期，对阿拉伯学

者影响最大的不是诗人、历史学家或者演说家，而是不同领域的科学家，诸如数学家、天文学家、医学家、哲学家和地理学家。通过翻译运动，学者们把大量的外来著作翻译成阿拉伯语，将各种新知识包括系统的天文学、地理学知识呈现在阿拉伯人面前。

2. 伊斯兰帝国的扩张

倭马亚王朝后期，伊斯兰帝国扩张，其版图横跨亚、非、欧三大洲。随着阿拔斯王朝统治疆域的扩展，以巴格达为中心的帝国中央政府需要收集境内外各地的地形地貌、物产以及道路等信息，以便于控制和管理全国各地，制定税收政策；管理交通，以便于调运军队和传达政令等。毫无疑问，这需要具备有关人文地理和自然地理方面的知识。因此，伊斯兰帝国的扩张一定程度上推动了阿拉伯地理学的发展。

3. 繁荣的商业活动

中世纪时，阿拉伯帝国的版图比罗马帝国大，而商人们的经商活动范围远远超出了帝国领土本身，他们中有些人到达了欧洲的中北部，最远到过北纬 19°；有些人穿越沙漠到达非洲西部；有些人从亚洲北部到达南部(安达卢西亚群岛)再到亚洲西部。同时，阿拉伯商人船队也从西海岸延伸航行到马达加斯加。贸易活动的兴盛繁荣对地理学的发展产生了重要影响。这体现在两方面：一方面，商业活动除了需要主要城市以及城市特色商品的相关知识，还需要了解通往这些城市的道路情况；另一方面，商人和他们的随从还担负着收集不同地区和国家的习俗、经济以及地质方面的知识。所以，商人从某种角度来说本身就是杰出的地理学家。

4. 伊斯兰宗教义务

伊斯兰教的宗教义务对阿拉伯天文学和地理学知识的发展做出了巨大贡献。《古兰经》倡导穆斯林在世界上旅行，通过旅行和游历来观察和认识世界，探索自己赖以生存的宇宙之真谛。《古兰经》说："难道他们没有在大地上旅行，因而有心可以了解，或者有耳可以听闻吗？""他们没有在大地上旅行，以观察前人的结局是怎样的吗？"伊斯兰教规定，每位穆斯林每天要面向麦加方向礼拜五次、每年伊历九月斋戒，一生当中要尽可能前往麦加朝觐一次。对于穆斯林来说,这不是一个所谓的选择,而是他在有限的可能性里必须积极履行实现的宗教职责。由于朝觐,形成了很多穆斯林朝圣者的故事,也产生了很多旅行家,伊本·朱拜尔的游记、伊本·白图泰的地理文献等都是杰出的范例,为中世纪地理学的发展留下大量珍贵资料。

5. 邮政

邮政是发展地理学知识的一个重要途径之一。阿拉伯帝国第一个想到邮政的是穆阿威叶。为了让信件及时到达哈里发手中,他在帝国中普及了邮政,使人民能够广泛地了解帝国各地的道路信息。那时候的送信人跟我们现在的邮递员完全不同,信使通常是由权威人士委派或哈里发所熟知的人担当,因为他要能迅速传递关于敌人的数量、意图等方面的消息,这是哈里发时刻警惕着的事情。

三、阿拉伯地理学的概念和分类

在阿拉伯语中,"地理学"这个词是音译的 Geography,而与地理词义相关的词有"旅行""朝觐"。这些词如前所述,多次出现在《古兰经》中,并沿用至今。国内学者认为,阿拉伯地理学这个词来自地理学家、哲学家托勒密(约 90～168)。《道里邦国志》的翻译者宋岘在书中提到:"许多学者认为,'地理学'(Geography)这个词本来就是托勒密著作的标题,阿拉伯人把它译成'大地的形象',有些阿拉伯地理学家便以此作为自己的标题。马斯欧迪把这个名词解释为'大地的区域',并在《雅致的信札》中第一次从'世界与各地图绘'的意义上使用了 geography 这个名词。"

由于环境不同,阿拉伯人对地理学文献的命名多种多样。宋岘在前言中提到:"阿拉伯人在地理学的名称上也从来没有一个统一的字样,"地理学"(Geography)一词有时指自然地理学,有时被当作'经纬度学'或'诸城定点学'。"在阿拉伯地理学文献中,与天文地理相关的通常用固定的希腊读音"地理"(geography),有时被翻译成更方便理解的"长宽学"或"地名辞典学"。例如,叙述地理则被命名为"道路版图学",讲述旅途故事的旅游地理被命名为"游记学",倾向于奇闻怪事的则被命名为"地区趣闻学"。

国内学者对中世纪阿拉伯地理学的分类比较简单。他们认为,中世纪阿拉伯地理学是接近天文学的精密学科,它的定义、范围、内涵、分类并不像近代学科那样明确。王有勇在《阿拉伯文献阅读》一书的地理篇中写道:"阿拔斯王朝时期的地理学没有近现代那么详细的学科分支,它既包括了自然地理学,也包括了人文地理学。"许序雅在《阿拉伯伊斯兰舆地学与历史学》一文中把中古阿拉伯伊斯兰地理学主要分为描述地理学和精确地理学两大分支。宋岘认为,阿拉伯地理学应该分为自然地理学与描述地理学。他在翻译的《道里邦国志》的前言中写道:"与上述受到希腊、伊朗、罗马、印度影响的自然地理学发展的同时,阿拉伯古典地理学还有另一条发展的脉络,其来源可以追溯到比自然地理学形成更早的阿拉伯旅行者们的行纪。不管怎么样,由游记发展起来的描述地理学这条脉络似乎更有典型意义。"

国外学者对于中世纪阿拉伯地理学的分类较为详细。著名历史学家阿迪尤斯·赫拉斯菲斯基所著的《阿拉伯地理文学史》,把阿拉伯地理文学划分为精细的知识与艺术文学知识。他指出:"在弄清建立在严密的逻辑基础上的编辑和了解盛行于中欧的三学科(语法、逻辑学、修辞学)与四学科(算数、几何、天文、音乐)之前,阿拉伯人自己就已经理解了地理学的概念,并依靠在知识的历史发展过程中的个人见解,在编辑知识的过程中把它精确地区分了出来。"书中指出,地理学在阿拉伯人的学科分类中被视为精密学科,因为它接近于天文学。他还指出,有一种与旅游故事紧密相关的是游记地理著作;与宗教义务相关的是阿拉伯人极其重视的天文地理学。《阿拉伯伊斯兰文明简史》前言中提到了七种地理学分支名称,分别为人类地理学、海洋学、制图学、天文地理学、数学地理学、动物地理学、气象学。阿拉伯数学和地理学家委员会主席阿里博士,把中世纪地理学分为三个部分,即国家地理、自然地理、天文地理。国家地理又称为"区域地理",包括自然、人文等多种知识信息,自然地理也涉及对气候、水文等方面的研究。关于天文学地理的内容,则毫无疑问,阿拉伯穆斯林学者们的书中都反映出曾受到过波斯、印度和希腊的影响,但同时这些书籍也加入了他们在这一领域所取得的伟大成就,以作为补充。

四、阿拉伯地理学发展的特点

1. 受希腊地理学影响较大

9 世纪,希腊地理学的影响占有绝对优势。阿拉伯地理学家倾向于研究他们从希腊、罗马、印度等文明中所继承的理论地理学遗产,因为他们想了解辽阔的阿拉伯民族及全世界的交通。对阿拉伯地理学影响最大的是希腊人托勒密,他的作品《地理志》《天文大全》(也有译为《至大论》)以及绘制的"世界地图"均被翻译成阿拉伯语。其中,《天文大全》以《地理学指南》或《地理学入门》之名而为人熟知。之所以如此重视,是因为它是阿拉伯地理学家们在这一领域中最得益也最重要的地理知识来源。哈加格·本·优素福·本·麦德伦(伊历 170～220)对《天文大全》一书进行了翻译,之后塞柏特·本·格拉哈·哈拉尼(伊历 219～288)对这个翻译进行了修正和评论。阿拉伯地理学家花剌子密、胡尔达兹卜、马斯欧迪等人都参考过托勒密的著作和地图。据说"地理"这个词最早是从托勒密的著作中学习来的。

希腊的影响还表现在风土带(气候带)划分以及古希腊文学家、地理学家的地心说上。阿拉伯语"风土带"一词,原意为"倾角"(地球赤道到极点的倾角,即按纬度划分世界)。花剌子密、伊本·胡尔达兹比赫、比鲁尼、雅古特等地理学家都继承了这种风土带划分法。古希腊的地心说与《古兰经》的观点相悖,它认为地球是宇宙的中心,天体是球体;而《古兰经》则认为"地球具有平展的表面,山峦如同楔子一样插在地面上"。大多数阿拉伯地理学家,如伊本·胡尔达兹卜等都接受前一种观点。

到了 9 世纪末,伊朗的影响日益增强。这主要体现在它的某些传说和制图学上,因为这些对阿拉伯地理学古典时期的巴里黑学派影响最大。《阿拉伯舆地丛书》中记录:大地的形状被比作一只巨鸟,中国是它的头,印度是它的右翅，易萨是它的左翅，麦加、汉志、叙利亚、伊拉克和埃及是它的胸腹，北非是它的尾巴。《伊斯兰百科全书》中"地理学"条目这样写道：这种观念可能源于阿拉伯人看到的中古代伊朗地图。此外，印度天文学的影响主要体现在一些地理学观念上，如天转实际是由于地转，大地水陆各占一半，大地如龟背、四周被水包围，大地犹如穹隆、斯里兰卡为其顶端等。

2. 以实地考察为主要研究手段

阿拉伯穆斯林科学家们在地理知识的获取方面并不仅仅满足于口耳相传，而是源于依靠经验和地图而开展的以实地考察为目的的旅行。通过实地旅行以及与所交往国家建立贸易联系，他们对地理学这一领域有了更广阔的认识。雅古比在他的书中写道："我年轻的时候四处旅行游历，用尽脑力专心去了解各国信息和地区与地区之间的距离，我所到一个地方，都会尽可能地去了解他们的国家和社会状况，询问遇到的人那里种什么，那里的居民是阿拉伯人还是外邦人，人民都喝些什么，甚至还向他们打听他们的口音、宗教和战胜他们的人，以及那个地方有多大，附近都有哪些地方，随后我会自己去游历，来证实他们所说的话的真实性。"这种游历的生活以及记录的游记是阿拉伯古典地理学发展的另一条脉络，也就是具有其自身特色的描述地理学的发展。换句话说，描述地理学的来源就是阿拉伯地理学家们实地考察所写出的游记。世界上最早记录中亚陆路行程的是塔米姆的游记，他是阿拉伯帝国的士兵，曾带着任务远赴中国。摩洛哥旅行家伊本·白图泰的游记《伊本·白图泰游记》(又译为《异国风光和旅游奇观》或《异域奇游胜览》)对中国的记录较为详尽。这些著名的游记不胜枚举，而实地考察的原则源于圣训学派，这一原则使得中世纪阿拉伯地理学文献资料的内容更加翔实可信，对于后人的研究具有很高的参考价值。

3. 研究领域宽泛且内容丰富

阿拉伯地理学家的视野极其广阔，地理学文献内容涉及世界各地、人文自然等各个领域。例如，阿拉伯古典地理学的鼻祖伊本胡尔达兹卜，参考托勒密《天文大全》中的地理资料编著了地理学研究者们的重要参考书《道里邦国志》。该书是阿拉伯地理学领域的百科全书之一，内容丰富，不仅包括枯燥的官方资料，还包括各地的地理趣闻，同时它还提供了关于阿拔斯王朝的大量完整资料。马斯欧迪是阿拉伯杰出的历史学家和地理学家，被誉为“阿拉伯的希罗多德”，其代表作《黄金草原》内容涉及地理、气候、人文、宗教、经济，人民的婚丧嫁娶、民族习俗，阿拉伯帝国的历史以及帝国建立之前的希腊、罗马、印度历史。12 世纪最负盛名的地理学家和制图家伊德里西，在其著作《世界地理志》(也译为《云游者的娱乐》)中集合了希腊、罗马、阿拉伯历史等，该书至今都是欧洲高校地理学领域的教科书。

阿拉伯地理学文献之所以具有视野广阔、内容丰富等特点，除了上述提到的遵循实地考察的原则外，笔者认为还有两个原因：一是通过翻译运动，使得大量外来文化被阿拉伯地理学家所了解；二是这些地理学家本身就是“新阿拉伯人”。第一种原因很好理解，中世纪黑暗笼罩着所有欧洲国家，为了寻求突破，阿拉伯学者们将所有古希腊、印度和波斯学者的成就翻译成阿拉伯语，剔除了其中的神话和幻想，并对有些理论进行了修正。这是因为阿拉伯和穆斯林学者们深信地理知识是从一个民族迁移到另一民族的，而每个民族的功绩就是在这一领域所增加的理论和经验。也正因为如此，他们开创了思考和研究地理事实知识的新的科学方法。第二个原因的关键在于我们对“新阿拉伯人”的理解。阿拉伯地理学家们出生于多个国家，他们中有的来自撒马尔罕，有的来自安达卢西亚、波斯、沙姆、埃及、印度和其他国家，这些人将他们所掌握的信息资料用同一种语言——阿拉伯语记录下来，所以著作本身就具有丰富性、国际性特点。例如，阿拉伯地理学家雅古特，其代表作是《地名辞典》，他本人是希腊人，是被阿拉伯人当奴隶买回来的；著有《省道图志》的伊斯太赫里出生于波斯；史学家和天文学家比鲁尼出生于希瓦，他在《印度志》(亦译为《印度考察记》)中的理论十分超前，与现代科学理论相似，所以，乔治·萨顿把这个时期称为“比鲁尼时代”。

4. 与历史学的关系十分紧密

中世纪阿拉伯地理学与历史学之间密不可分的关系主要体现在两个方面：一是许多地理学家本身也是历史学家，比如雅古比、普拉布斯、马斯欧迪等；二是文献著作“你中有我，我中有你”，这在很多阿拉伯、希腊、罗马的地理著作中都有所体现。智慧宫的管理人穆罕默德·本·穆萨·花剌子密，给予历史学以极大的重视。他认为，历史学是确定不同文化路径的科学。雅古特的《地理辞典》，既是地理学的集大成之作，也为历史学和自然科学提供了众多宝贵的资料。张广达在《出土文书与穆斯林地理著作对研究中亚历史地理的意义》一文中指出：“的确，阿拉伯、波斯、突厥的地理文献既包括地理资料本身，又包括许多历史资料，有如许多穆斯林史学著作中也包括地理篇章一样。”杨克礼在《伊斯兰史学概观》中提到：“史学与各门宗教学科、人文学科及自然科学交替发展，相互渗透。”许序雅提到：“阿拉伯伊斯兰舆地文献既包括地理资料本身，又包含大量翔实的历史资料。这些地理文献中有许多也是历史文献，只是采用地理学、行纪的写作体裁而已。”他同时提到，地理学文献弥补了历史文献的不足。“首先，阿拉伯舆地文献扩大了历史研究的职能，把经济、行政管理、商业贸易、民族分布和迁徙、山川物产、风土人情、社会习俗、文化交流等都列入了记述范畴，把历史记述的对象涉及人类生活的各个方面，使历史记述在宗教和教育的职能之外，又具备了记录、认知、服务等职能。这些文献开创了一种新的写作体例——记叙体。伊斯兰舆地学者用这种体例，记录了许多正史著作不曾记载的史实和资料，引导人们去认知伊斯兰世界和异教世界，了解大千世界的各个层面的知识。”赵军利在《中世纪阿拉伯历史研究方法》一文中也对上述“记叙体”有所描述。他提到：“学者们将沿途所见所闻、各地风情习俗、地理概况详加记载，导致了一种新的体裁——历史地理著作的出现。马斯欧迪的《黄金草原》便是这种体裁的典型范例。”

总之，中世纪阿拉伯地理学发展虽然取得了光辉成就，但是也有它的缺陷，比较严重的是抄袭前人的记载，甚至不提抄袭的出处和年代。然而，瑕不掩瑜，中世纪阿拉伯伊斯兰文化开辟了一个黄金时代，它在整个人类历史上有着令人瞩目的地位，而阿拉伯伊斯兰地理学作为其重要分支，为世界文明做出了巨大的贡献。研究中世纪阿拉伯伊斯兰地理学发展的特点，对于我国加快实施面向阿拉国家和地区的“向西开放”战略，构建全方位、多层次、宽领域的内陆开放型经济新格局具有积极的意义。

参考文献：

[1]马坚译:《古兰经》,中国社会科学出版社 1981 年版。

[2][古阿拉伯]伊本·胡尔达兹比赫:《道里邦国志》,宋岘译注,中华书局 2001 年版。

[3]王有勇:《阿拉伯文献阅读》,上海外语教育出版社 2006 年版。

[4]许序雅:《阿拉伯一伊斯兰舆地学与历史学》,《史学理论研究》1996 年第 4 期。

[5][俄]克拉克菲斯基、萨拉赫尔·奥斯曼·哈希姆译:《阿拉伯地理文学史》,文化出版社 1991 版。

[6][埃]阿卜杜拉卡料尔主编:《阿拉伯伊斯兰文明简史》,骑十出版社 1995 年版。

[7]Ian Richard Netton, *Islanmic and Middle Eastern Geographers and Travelers*, London: Routledge, 2008.

[8][荷]穆·胡茨玛主编:《伊斯兰百科全书》(第 1 版),莱顿出版社 1983 年版。

[9][美]艾哈迈德·爱敏:《阿拉伯伊斯兰文化史》,商务印书馆 1982 年版。

[10][美]希提:《阿拉伯通史》上册,商务印书馆 2001 版。

[11][美]乔治·萨顿:《科学的生命》,商务印书馆 1987 年版。

[12]张广达:《出土文书与穆斯林地理著作对研究中亚历史地理的意义》,《新疆大学学报》(哲学社会科学版)1984 年第 1 期。

（原载《宁夏社会科学》2014 年第 2 期）

中国和阿拉伯国家经贸关系发展解读

——基于《中国印度见闻录》的启示

郭 筠

摘 要:《中国印度见闻录》是9世纪中叶到10世纪初阿拉伯人苏莱曼根据亲身经历所著最早关于中国和印度的记录,也是古代交通史上一部重要文献。它既是一本杰出的历史文献,又是一本有价值的旅游、地理和经济贸易书籍,该书从多个视角全方位反映了唐代中国和阿拉伯国家的关系、兴盛的民间交往和中阿贸易往来的渊源,对我们研究唐代中阿关系有重要的参考价值。时至今日,在经济全球化的背景下,中国和阿拉伯国家的经贸关系在相关政策的支持下,取得了丰硕的成果,同时也迎来新的机遇和挑战。本文以史为鉴,通过分析两个民族在两个具有鲜明特色的历史阶段的特点,探讨了增进中阿双方经贸发展的前景与举措,为进一步推动中国和阿拉伯国家的经贸发展提供参考与启示。

关键词:《中国印度见闻录》;中阿关系;经贸关系

党的十八大报告指出:"中国将始终不渝走和平发展道路,坚定奉行独立自主和平外交政策,继续坚持互利共赢的开放战略。"在党中央正确方针路线的指引下,中国正以前所未有的广度和深度融入国际社会,同世界各国一同建设持久和平、共同繁荣的和谐世界。

放眼21世纪,随着科学技术的不断进步,国际分工与国际贸易的继续深入发展,世界各国社会经济联系和依存程度已经不可同日而语,世界经济全球化辅之以区域经济集团化已大势所趋。每个国家的经济都要并入到世界经济的阵列中来，通过经济交往，互通有无，扬长避短，使其经济状况全面、健康、高效地发展。

早在两千多年前，“丝绸之路”就将中国和阿拉伯这两个伟大的民族联系在一起。他们同属第三世界国家，都曾经历过殖民统治。自古以来，源远流长的历史根基，深厚的民族感情，使得这两个伟大的民族有着相近的理想和任务。现在，中国是世界上最大的发展中国家，阿拉伯国家是发展中国家的独特板块，双方经济的互补性非常强。在 21 世纪逐步建立的世界政治经济新秩序的大背景下，中国和阿拉伯国家的经贸合作有望迎来一个新的发展阶段。

一、以史为鉴——《中国印度见闻录》及书中的中国

面对经济全球化形式下的机遇和挑战，中国和阿拉伯国家，两个具有不同文化传统的民族，必须要结合自己的实际情况作出判断和决策。在此过程中，《中国印度见闻录》就是一部了解古代中国最繁盛唐代时期，中国和阿拉伯国家的关系、民间交往和中阿贸易的经典书籍。它是第一部介绍中国的阿拉伯语游记，是一部杰出的地理、旅游文献，同时也是中阿友谊的历史见证，具有重要的历史价值。

1.《中国印度见闻录》概述

《中国印度见闻录》由伊斯兰世界最著名的旅行家之一的苏莱曼·塔吉尔所著。苏莱曼曾于 9 世纪前期从波斯湾到印度和中国经商旅行。这本书原著为阿拉伯文抄本，851 年，作者回国后将自己的见闻汇集成《中国印度见闻录》，又名《历史的锁链》，俗称《苏莱曼东游记》。《中国印度见闻录》记载了中国和印度的交通线路、地理环境、风土人情、经济、社会等情况。这本书是阿拉伯人记载中国的有关情况的最早的一部游记。在《马可·波罗游记》问世之前，苏莱曼的《中国印度见闻录》与比鲁尼的《印度志》都是欧洲人了解和研究远东地理的最重要参考书。

《中国印度见闻录》全书分为两卷，书中详细地介绍了中国经济、社会、文化的各个方面。卷一中名为“关于印度、中国及其国王的情况”一

章,介绍了中国皇帝以及两国的城市、官制、司法、税收、物产、交易、交通、军队、婚姻、宗教信仰等社会和自然概况。卷二有关中国的部分记述了中国唐代黄巢出兵反叛朝廷,攻陷广州等有关情况。

2. 从《中国印度见闻录》中透视出的中国文明发展史《中国印度见闻录》记载了唐代中国的生活百态、风土人情。它赞美了中国人在绘画工艺等方面的心灵手巧,并称没有任何民族可以在这些方面超过他们。

(1)华丽的丝绸服装与着装等级的差别

书中有一段赞美中国丝绸的描写:"中国居民无论贵贱,无论冬夏,都穿丝绸:王公穿上等丝绸,王公以下的人各按自己的财力而衣着不同。冬季,人们穿两条裤子,有时三条、四条、五条,按其财力甚至穿的更多,其目的是为了使下身不受寒冻,因为他们担心地下的寒气袭人。"阿拉伯商人对丝绸之薄感到十分惊讶,并赞叹它有预防疾病,防止潮气入体,防止蚊虫叮咬等作用。

(2)先进的制瓷工艺与茶文化

提到唐代的中国瓷器,书中更是赞不绝口:"中国精美的瓷碗,如玻璃杯那样晶莹,隔着碗也可以看到里面的水。"书中介绍中国的茶说:"国王本人的主要收入是全国的盐税和泡开水喝的一种干草税。此种干草叶子多,香,稍有苦味,用开水冲喝,能治百病。"这是外国人第一次谈到中国人饮茶的保健功能。

(3)中华民族的生活习俗与爱好

《中国印度见闻录》还确切地概述了中国人的生活习惯、婚丧嫁娶、宗教信仰、诉讼程序、地方组织、外贸政策、税收和货币政策等。《中国印度见闻录》说:"中国人的粮食是大米,有时,也把米饭放到菜肴里吃。王公们吃上等好面包以及各种动物的肉,甚至猪肉和其他肉类。""他们喝自己用发酵稻米制成的饮料,因为中国没有葡萄酒,中国人既不知道这种酒,也不喝这种酒。""中国人崇拜偶像,他们在偶像前祷告,对偶像必恭必敬。"《中国印度见闻录》中称赞中国物产极其丰富,买卖公道,中国政府关心阿拉伯穆斯林商人的生活,并维护他们的利益。

这一部《中国印度见闻录》受到阿拉伯人民的广泛喜爱和传阅，促使阿拉伯国家从统治阶级到普通商人都更加积极和迫切地推动中阿文化和经贸发展。

二、《中国印度见闻录》的时代特征分析

《中国印度见闻录》著于9世纪中期，记录了中国和阿拉伯等国发生在9世纪前期的史实和故事。那是中国封建时代最鼎盛时期，具有以下几个鲜明特征：

1. 社会经济、文化繁荣

唐朝(618～907)是中国封建时代最繁荣强盛的王朝之一，雄踞东亚，豁达恢弘。唐朝疆域空前辽阔，文化繁荣昌盛。唐朝开放的民族政策以及对各民族文化的宽容认可，使各民族的文化进一步融合，民族间的交往交流更加频繁。唐朝在社会、经济、宗教思想、文学、艺术、科学等领域也取得了丰硕的成果，为人类历史做出了不朽的贡献。西方史学家把唐朝前一百多年的发展称为“开放的帝国”，把首都长安称为“世界的首都”。唐朝首都长安是一个国际化的大都市，它是全国乃至亚洲各国经济、政治、文化交流中心。

与唐朝几乎同一时代的西亚，阿拔斯王朝(750～1258)也正处于阿拉伯伊斯兰文化发展的鼎盛时期。在这漫长五百余年中，阿拔斯王朝的辽阔版图横跨亚、非、欧三大洲，阿拉伯穆斯林创造了举世瞩目的灿烂文化。经商的古老传统、优越的地理位置以及巨大的商业收益，使阿拉伯帝国的商业在阿拔斯王朝时期，出现比东西方各王朝更为繁荣的景象。在那个时代，有很多穆斯林商人从事商业活动，活跃于三大洲，足迹遍及东西南北，他们推动的大规模的商业贸易促进了三大洲文明区域间的经济文化交往。阿拔斯王朝的建立，标志着伊斯兰文化进入了空前发展的新纪元。在继承阿拉伯民族沙漠文明特质的同时，它吸收、借鉴了希腊、波斯、印度等文明的优秀成果，融会贯通，充实和丰富了阿拉伯伊斯兰文化的内涵，开创了繁荣鼎盛的新局面。

2. 外交、贸易兴旺发达

唐代经济繁荣，造船工艺及航海技术发达，大量派遣使者出使海外各国，贸易空前活跃。同时，唐朝还凭借开明的对外政策，吸引了大量的阿拉伯商人。629 年，穆罕默德统一阿拉伯半岛之后，创立了阿拉伯帝国。阿拉伯帝国在不断对外扩张征服的同时，也不断向世界各国派出使节，形成了大规模的外交旅行。阿拉伯帝国的首都巴格达城世界闻名，来自世界各地的商旅荟萃。因此，历任哈里发都非常重视与中国的外交往来，实行开明的对外政策，派往周边各国的使节中唯中国最多，与唐朝建立了密切的经济关系。

唐代中阿贸易有两种形式：一为进贡和回赐，即阿拉伯商人以贡使名义进贡物品，唐朝皇帝回赐等价或者价值更高的物品，并授官宴请；另一种形式是阿拉伯商人和中国商人在对方境内自由出售商品。阿拉伯帝国阿拔斯人极为重视中国，从 9 世纪开始，已与中国开辟了直接的海上往来。据汉文史料记载，从唐高宗永徽二年(651)到唐德宗贞元十四年(798)的 148 年中，四大哈里发、倭马亚朝和阿拔斯朝遣使中国见于国内史籍的达 40 次。

3.“丝绸之路”成就中阿贸易的兴盛

早在公元前一百多年，汉代张骞两次出使西域，打开了中西交通的商路，建立和发展了中国和阿拉伯人民的友好关系，促进了东西方的文化交流。古代中国和阿拉伯之间的交通路线，主要分为陆路和海路。陆路交通有数条重要道路，统称为“丝绸之路”。“海上丝绸之路”是指中阿海上交通路线，也称为“香料之路”或“瓷器之路”。这两条路是古代东西交通的大动脉，在中阿和东西方经济文化交流史上占有重要地位。唐朝的船舶巨大而坚固，载重量大，船员航海技术娴熟。阿拉伯人早就以造船闻名于世，而阿拔斯人则继承了波斯人在波斯湾和印度洋的航海事业，并且，首都巴格达位于两河流域，河流纵横，交通便利，适于航运。这些都对增进那时的中阿关系起到了极大的促进作用。

4. 开放的政策为阿拉伯人在中国经商提供了保障

唐朝，政治稳定，经济繁荣。同时，唐朝政府奉行一系列较为开明的对外政策，其中包括管理来自阿拉伯国家外商的条例，为他们提供优惠的条件，保护他们的切身利益，吸引他们来华贸易。其中，唐朝政府允许阿拉伯人持有地方官员给予的身份证明并为他们提供货运的船舶。凭借主管人给予的所带钱物证明，外商们就可在政府许可的城市或港口进行贸易，还可得到地方官的款待。如果临时缺钱，当地政府可借给他们；若丢失东西，地方官负责查寻；若客死中国，政府将其财产交给继承人。

另外，唐朝政府惩治违法乱纪官吏，保障外商的合法贸易。有个原籍呼罗珊的大食商人，从伊拉克买了大批货物到中国交易。一次，皇帝派到广州选购蕃货的宦官，和这个商人在象牙等货物的交易上发生争执，因宦官想把好的商品据为己有，商人不愿出售。此后，商人还跑到长安告御状，皇帝接见了他，听取了他的申诉。皇帝下令调查，最终判定商人上告有理，没收了宦官的财产，并对他说："商人是来我国寻求恩惠的。可是，你却希望他回去的时候，向各地的人说：'我在中国遭到无情虐待，财产也给强占去了。'"皇帝革去这个宦官管理宝物的职务。外商胜诉的消息很快传遍广州，乃至其他港口城市，此事影响深远。

以上这些因素为中阿友谊的建立和中阿经贸的发展，提供了良好安定的政治条件；宽松和谐的社会环境、雄厚的物质基础，极大地促进了中阿之间的友好往来，民间交往不断增加。《中国印度见闻录》就是在这种盛世下完成的，它把当时中阿交往的盛景记录在书中，展现给了阿拉伯人民。

三、中国和阿拉伯国家经贸合作的发展现状解析

从"丝绸之路"建立起，中国和阿拉伯国家在两千多年历史中，各自历经风霜磨练，都已在世界民族之林中崛起，成为世界政治、经济、军事、外交等领域举足轻重的重要组成部分。目前，中国已经成为世界第二大经济体，同时也是世界上最大的发展中国家，在世界众多区域事务和国际问题上发挥着举足轻重的作用。而目前的阿拉伯国家也以其特有的地缘优势、丰富的石油资源，影响着世界的经济格局。以海湾地区为代表的阿拉伯国家，是世界上油气储量最多、最集中之地，其石油储量占世界已探明储量的60%，产量占世界总产量的30%；天然气储量占世界总储量的22.4%，产量占世界总产量的8%。可见，阿拉伯地区一直是世界上最重要的能源生产和供应基地。

1. 中阿近年贸易发展现状

新中国成立以后，中国和阿拉伯国家的关系也在不断的提升。从1956年中国与埃及建交起，截至目前，中国与除索马里以外的阿拉伯国家建立并保持了良好的外交关系。2004年1月，中国国家主席胡锦涛在访问埃及期间提出建立中阿新型伙伴关系的原则。2008年，中阿双方在巴林举行的部长级会议上提出建立面向和平和可持续发展的中阿新型伙伴关系。2010年5月14日，中国和阿盟宣布将双方关系提升为全面合作、共同发展的战略合作关系。近年来，具有中阿经贸发展里程碑意义的中阿合作论坛已经举办了三届，仅在第三届中阿合作论坛中，就已经签约了478个项目，合同金额达2500亿元以上。中阿双方的贸易额从2004年的364亿美元迅速攀升至2012年的2224亿美元。此外，双方在能源、金融、工程设施建设和教育文化等领域的合作也不断获得进展。预计中国与阿拉伯国家的双边贸易额到2015年将保持在2000亿美元以上。可以说，经过五十多年双方共同的努力，中阿经贸合作已进入全方位、多领域的合作阶段，形势喜人。

2. 以史为鉴，中阿贸易发展前景剖析

从时代背景分析，可以看出，现阶段中国和阿拉伯国家的关系和《中国印度见闻录》所著的时期有很多相似之处。在经济方面，同样处于国家政通人和、繁荣强盛时期，在世界经济领域有着举足轻重的地位。现在的阿拉伯世界是一个有着相似信仰的大家庭，他们有着联合、团结、自主的共同愿望，正在告别分裂、矛盾的过去，迈向团结、繁荣的未来。与此同时，凭借着丰富的资源、广阔的市场和重要的地理位置，阿拉伯国家必将在世界上占据举足轻重的地位。

(1)政治方面

阿拉伯国家和中国都曾经是帝国主义的殖民地，自古以来，中国和阿拉伯国家都尊重各自的社会制度，求同存异。中国一贯奉行独立、自主的和平外交政策，一直支持阿拉伯人民的正义事业。邓小平同志曾经说过："世界上有着那么多伊斯兰国家，根本不可能实行美国的所谓民主制度，穆斯林人口占了世界人口的五分之一。中华人民共和国不会向美国学习资本主义制度，中国人口也占世界人口的五分之一。"在近两百年的时间里，世界衡量一个国家进步的标准是其西化的能力。而今天，中国在很大程度上改变了这种观念，中国的进步是一种几乎完全不同于西方文化和历史的成就。中国的发展模式为很多阿拉伯国家提供了许多可供借鉴的地方。

(2)对外开放的政策

现在的中国与《中国印度见闻录》所著的时期相比，对外政策更为开放和宽松，通过三十多年的改革开放，融入了日益全球化的市场。在现代化的通信和物流条件支持下，中国和阿拉伯国家在能源、商品、投资、工程承包和劳务等方面的交流合作日趋频繁和紧密。较之《中国印度见闻录》所处的时代，交流更为深入、广泛。

(3)文化交流

中国和阿拉伯国家的文化交流是经贸关系发展的基础，也得到很好的传承和发展。中国政府极力促进不同种族、宗教、信仰和文化间的相互尊重，实现和谐共处。中阿双方举办了中阿文明对话研讨会、中阿友好大会、中阿新闻合作论坛等多种形式的活动。双方都鼓励互派留学生，加强中国在阿拉伯语教学的推广。随着文化交流的进一步推广，中阿人民的共识会更多，会更好地促进双方经贸的发展。

四、中国和阿拉伯国家经贸合作发展趋势展望

党的十八大指出："统筹双边、多边、区域次区域开放合作，加快实施

自由贸易区战略，推动同周边国家互联互通。”为了更好地将党的十八大思想贯彻落实到中国和阿拉伯国家的双边关系的建设中，笔者建议应从以下几方面为切入点，促进中阿经贸的交流和发展。

1. 深化战略伙伴关系，加速自由贸易区建设

在21世纪初复杂的国际环境下，中国和阿拉伯国家必须保持和巩固稳定的全面合作关系。面对复杂多变的国际形势，中阿双方都要坚持互惠双赢的战略合作关系，在国际政治经济新秩序的博弈中，保持共同立场，相互支持，共同发展。

在党的十七大报告中就已经提出：要“实施自由贸易区战略，加强双边多边经贸合作”。这一要求是根据我国对外开放的广度和深度需求所提出的，突出了自贸区战略的重要性，是开放型经济发展的现实需要。我国与海湾合作委员会自由贸易区协定的谈判正在进行，这一自由贸易区的建设，对我国在经济和社会等方面都将起到深远的意义。其一，它可以确保我国稳定的能源供给，建立稳定安全的周边环境；其二，又能够保证我国在中东这一重要区域的政治经济领域不被边缘化，使得我国可以在对中东地区国家的长期投资中获益。

目前，海合会国家已经开始限制关税的增长，市场更加趋向开放，法制逐步完善和健全，政治和社会状态也日趋稳定。再加上当地重要的战略地位、庞大的资金流动量、发达的金融业支持和穆斯林独特的诚实守信的品质，使得海合会国家的市场前景被普遍看好。我国与海湾合作委员会的自由贸易区谈判已经在货物贸易的谈判中达成了共识，正在进行服务贸易的谈判。相信该自贸区的建成，将会对中国和阿拉伯国家以及其他周边国家产生巨大的辐射效应，中阿经贸关系必将迎来更好的发展。

2. 扩大经济技术领域合作，鼓励双向投资

中国和阿拉伯国家同为发展中国家，经济上的互补性很强，双方都希望在原来友好关系的基础上开展更深层次、更多形式的经贸合作。近年来，中国与22个阿拉伯国家的贸易发展迅速。2010年，中阿进出口贸易达1454.2亿美元，同比增长34.3%，占我进出口贸易总额的4.89%。我

国对阿出口 648.8 亿美元，同比增长 15.9%；进口 805.4 亿美元，同比增长 54.1%。阿拉伯国家已成为我国第七大贸易伙伴和第七大出口市场。另据海关统计，2015 年上半年，中阿双边贸易额达 915.6 亿美元，同比增长 32.5%。

但是，目前来说，我们必须接受这样的现实，即双边贸易额在中阿各自对外贸易额中所占比重很小，这与中阿一直以来所期待建立的战略伙伴关系及双方经济发展的需求相比很不协调。在技术领域的合作方面还存在很大的提升空间。数据显示，2001 年底，阿拉伯国家的对外投资额高达 1.2 万亿美元，然而对中国的投资却仅有 4.5 亿美元。此后，受财富剧增、自贸谈判、亚洲整体崛起等利好因素的影响，中阿相互投资活动有所上升，从 2004～2009 年，直接投资额从 11 亿美元增长到了 55 亿美元。但即使是算上合资项目在内，全部投资也仅有 100 多亿美元。可见，作为世界上两大重要的经济体，双方的直接投资规模仅处于起步阶段。从 2003 年到 2009 年，阿拉伯国家直接对华投资的比重占中国吸收外资的比例，从 0.17%增长到 0.27%；中国对阿拉伯国家的直接投资在中国对外投资的比例也仅在 1%左右浮动，且集中于能源储备大国，因为受到可能发生的跨国并购的影响，尚且不能保证对单个国家投资的持续性增长。

面对这一现实，阿拉伯国家已经有所举措，沙特和阿联酋等国正在进行经济结构的调整和经济体制的改革，他们制定或完善了针对亚洲国家尤其是中国的投资优惠政策，实行经济多元化战略，争取解决单一的石油经济结构问题。同时，对于中国来说，也应该完善针对阿拉伯国家的投资政策，形成成熟的双边贸易工作机制，并为组建用于服务中阿技术协作的国际民族银行创造良好条件。相信在双方共同的努力下，中阿双方会成为彼此在 21 世纪最重要的贸易伙伴。

3. 采用以质取胜策略，维护国家形象

现代企业的各类对外经贸活动手段和方法多种多样，但是从某些方面来说，这对国家形象是一柄双刃剑。它既可能提升国家形象，也可能产生直接的负面影响，中国对阿拉伯国家输出的产品质量以及某些企业在阿拉伯国家的形象便是这类双刃剑的代表。

因为历史的原因,阿拉伯国家工业基础薄弱,制造业发展水平很低,需要在各领域进口大量商品。与之相反,中国商品种类丰富而又物美价廉,得到阿拉伯国家消费者的普遍青睐,拥有较广泛的认可度。但是,随着市场经济的发展、企业自主性的偏失,加之政府监管的不力,一些质次价低的假冒伪劣产品流入了阿拉伯市场,中国产品的质量问题也随之引起一些阿拉伯国家的高度关注甚至不满,对中国产品的批评声逐渐响起。

对此,我国政府应当汲取教训。须知,一旦阿拉伯消费者对中国产品失去信心,再恢复必将耗费大量的人力物力和时间。更重要的是,它还会损害中国在阿拉伯国家建立起来的"讲诚信、重道德"的国家形象。中国的商家必须坚持"科学发展观"的指导思想,坚持以质取胜的策略,多渠道加强管理,在全社会树立"质量兴国"的意识,为中国产品树立良好的形象,巩固阿拉伯国家消费者对"中国制造"的信心。

4. 加强文化交流和旅游业发展,为中阿经贸发展助力经济繁荣,文化先行。文化在经济发展中具有主导作用,是经济、贸易、政治、外交等方面不可缺少的重要因素。为了推动中阿经贸合作关系向更深层次和更多领域发展,必须加强中阿在文化和旅游产业上的交流和合作。

任何行业的运转,都必须在一定的法规、制度、风俗民情中进行,尤其当涉及与不同民族、不同宗教信仰国度的交涉时,必须设身处地于对方的文化体系中。在发展经济的同时,我们绝对不能忽视文明的传播和吸收。我国需要在已经建立的穆斯林阿语学校的基础上,继续普及在穆斯林聚居的省市的阿拉伯语言和文化教学。同时,在非穆斯林聚居区,也要通过政府,更多地普及阿拉伯语教学,开展阿拉伯文化活动。国家还应该鼓励更多的中国穆斯林青年前往伊斯兰国家留学深造,组织好一年一度的中国赴麦加朝觐团,使之成为全球穆斯林了解中国的窗口。

中国和阿拉伯国家的旅游资源都是丰富而独特的,具有很好的发展基础。中阿双方都应该高度重视旅游业的发展,用现代化的手段完善旅游产业。用双方独具特色的古老文明、引人入胜的奇特景观和热情好客的民族文化招徕越来越多的游客，使中阿人民在相互了解对方悠久历史、灿烂文明和别具特色的自然风光的同时，也可以了解对方的民俗风情、经济进步和社会发展，这将会成为中阿双方政治和经济往来与合作的前奏和基础，对于双边经贸关系的进一步发展起到极大的促进作用。

五、结语

中国和阿拉伯国家的友谊源远流长，《中国印度见闻录》是双方的历史见证。它反映了唐代时期中国和阿拉伯国家全面发展的关系、兴盛的民间交往和中阿贸易，对现代中阿贸易的发展也有着重要的参考价值。中阿双方在经济贸易的发展中各有特长，且又彼此互补。在党的十八大正确方针指引下，在资源共享、优势互补、互惠互利的原则下，中国和阿拉伯国家的经贸发展会在现有基础上更加快速地发展。

参考文献：

[1]王有勇：《阿拉伯文献阅读》，上海外语教育出版社 2006 年版。

[2]穆根来、汶江：《中国印度见闻录》，黄倬汉译，中华书局 2001 年版。

[3]江淳、郭应德：《中阿关系史》，经济日报出版社 2001 年版。

[4]王猛：《中阿经贸的发展与问题》，《宁夏社会科学》2012 年第 3 期。

[5]张宏、刘欣路：《经贸因素与中国在阿拉伯世界的国家形象》，《阿拉伯世界研究》2012 年第 2 期。

（原载《阿拉伯学研究》2015 年第 3 期）

参考文献

一、中文著作

1.[德]阿尔弗雷德·赫特纳:《地理学》,王兰生译,商务印书馆 2009 年版。

2.[美]艾哈迈德·爱敏:《阿拉伯——伊斯兰文化史》,纳忠等译,商务印书馆 1982～1999 年版。

3.[英]伯纳·路易:《历史上的阿拉伯人》,马肇春、马贤译,中国社会科学出版社 1979 年版。

4.[法]伯希和:《交广印度两道考》,冯承钧译,中华书局 2003 年版。

5.[法]布尔努瓦:《丝绸之路》,耿昇译,山东画报出版社 2001 年版。

6. 蔡伟良:《灿烂的阿拔斯文化》,上海外语教育出版社 1997 年版。

7. 陈炎:《海上丝绸之路与中外文化交流》,北京大学出版社 1996 年版。

8. 陈垣撰:《元西域人华化考》,上海古籍出版社 2000 年版。

9. 陈竺同:《两汉和西域等地的经济文化交流》,上海人民出版社 1957 年版。

10. 杜环:《经行记笺注》,张一纯笺注,中华书局 2000 年版。

11.[法]费瑯:《阿拉伯波斯突厥人东方文献辑注》(上、下),耿昇、穆根来译,中华书局 2001 年版。

12. 冯承钧:《西域南海史地考证译丛》(第1～3卷),商务印书馆1995年版。

13. 郭应德:《阿拉伯史纲》,中国社会科学出版社1991年版。

14. 郭应德:《阿拉伯中古史简编》,北京大学出版社1987年版。

15. 国少华:《阿拉伯一伊斯兰文化研究》,时事出版社2009年版。

16. 江淳、郭应德:《中阿关系史》,经济日报出版社2001年版。

17.[美]凯马尔·H·卡尔帕特:《当代中东的政治和社会思想》,陈和丰译,中国社会科学出版社1992年版。

18. 李荣建:《阿拉伯文化与西欧文艺复兴》,人民日报出版社2004年版。

19. 刘开古:《阿拉伯语发展史》,朱威烈审订,上海外语教育出版社1995年版。

20. 刘桢:《解读古兰经》,内蒙古人民出版社2004年版。

21. 陆培勇:《闪族历史与现实——文化视觉的探索》,甘肃人民出版社1998年版。

22. 马坚译:《古兰经》,中国社会科学出版社1981年版。

23.[古阿拉伯]伊本·白图泰:《伊本·白图泰游记》,马金鹏译,宁夏人民出版社1985年版。

24. 马明良:《简明伊斯兰史》,经济日报出版社2001年版。

25.[古阿拉伯]马苏第:《黄金草原》,耿昇译,青海人民出版社1998年版。

26. 穆根来、汶江、黄倬汉:《中国印度见闻录》,中华书局2001年版。

27. 纳忠:《阿拉伯通史》上,商务印书馆1997年版。

28. 纳忠:《阿拉伯通史》下,商务印书馆1999年版。

29. 南开大学历史系:《中国和阿拉伯人民的友好关系》,河北人民出版社1958年版。

30.[美]普雷斯顿·詹姆斯:《地理学思想史》,李旭旦译,商务印书馆1982年版。

31.[日]桑原骘藏:《中国阿拉伯海上交通史》,冯攸译,商务印书馆1934年版。

32. 沈福伟:《中西文化交流史》,上海人民出版社1987年版。

33. 宋岘:《中国阿拉伯文化交流史话》,中国大百科全书出版社2000年版。

34. 孙承熙:《阿拉伯伊斯兰文化史纲》,昆仑出版社2001年版。

35.[美]希提:《阿拉伯通史》, 马坚译,商务印书馆1995年版。

36.[美]谢弗:《唐代的外来文明》,吴玉贵译,中国社会科学出版社1995年版。

37. 徐善伟:《东学西渐与西方文化的复兴》,上海人民出版社2002年版。

38.[古阿拉伯]伊本·胡尔达兹比赫:《道里邦国志》,宋岘译注,中华书局2001年版。

39. 张广达:《文书典籍与西域史地》,广西师范大学出版社2008年版。

40. 张广达:《西域史地丛稿初编》,上海古籍出版社1995年版。

41.[法]张日铭:《唐代中国与大食穆斯林》,姚继德、沙德珍译,宁夏人民出版社2002年版。

42. 张铁生:《中非交通史初探》,三联书店1973年版。

43. 张星烺:《中西交通史料汇编》(1～4册),中华书局2003年版。

44. 中国伊斯兰百科全书编委会:《中国伊斯兰百科全书》,四川辞书出版社1994年版。

45. 仲跻昆译:《阿拉伯古代诗选》,人民文学出版社2001年版。

46. 朱威烈:《站在远东看中东》,上海外语教育出版社2000年版。

三、中文论文

1. 蔡德贵:《中世纪阿拉伯人对哲学和科学的贡献》,《阿拉伯世界研究》2008年第3期。

2. 蔡建霞:《中世纪阿拉伯人对地理学的贡献》,《赤峰学院学报》(汉文哲学社会科学版)2012 年第 1 期。

3. 陈万里:《伊本·白图泰出游路线及见闻》,《阿拉伯世界》1987 年第 2 期。

4. 陈文:《两广地区东南亚留学生眼中的中国国家形象》,《世界经济与政治》2012 年第 11 期。

5. 陈宇:《阿拉伯文化繁荣的历史条件及其对欧洲的影响》,《大庆师范学院学报》2010 年第 5 期。

6. 丁俊:《中华文化与伊斯兰文化视阈中的人与自然》,《西北民族大学学报》(哲学社会科学版)2011 年第 3 期。

7. 葛铁鹰:《阿拉伯古籍中的"中国"研究——以史学著作为例》,上海外国语大学博士论文,2009 年。

8. 黄跃庆、刘奕:《中世纪阿拉伯科学文化的源流及影响》,《阿拉伯世界》1990 年第 3 期。

9. 金宜久:《中世纪阿拉伯世界科学兴衰原因浅析》,《科学与无神论》2007 年第 2 期。

10. 李光斌:《伊本·白图泰东游与海文化》,《暨南史学》2012 年第 1 期。

11. 李金明:《唐代中国与阿拉伯海上交通航线考释》,《海交史研究》2011 年第 2 期。

12. 李玲:《阿拉伯游记文学概述》,《阿拉伯世界》1998 年第 3 期。

13. 李荣建:《中古时期阿拉伯文化与西方文化的交流》,《河南师范大学学报》(哲学社会科学版)2007 年第 4 期。

14. 李荣建:《中世纪穆斯林对地理学的重要贡献》,《阿拉伯世界》1984 年第 1 期。

15. 李亚玲:《试论古代哲学在地理学思想形成中的作用与影响》,《首都师范大学学报》(社科版)1995 年第 4 期。

16. 李悦铮:《试论宗教与地理学》,《地理研究》1990 年第 3 期。

17. 刘建军:《阿拉伯文化对欧洲中世纪文化的影响》,《北方论丛》2004年第4期。

18. 陆培勇:《从〈一千零一夜〉看中世纪阿拉伯社会主流价值观》,《阿拉伯世界研究》2009年第3期。

19. 马博忠:《一部译著的记述——马金鹏先生与〈伊本·白图泰游记〉》,《回族文学》2010年第2期。

20. 马坚:《阿拉伯文化在世界文化史上的地位》,《回族文学》2011年第4期。

21. 马金鹏:《伊本·白图泰游记》(中国部分),《阿拉伯世界研究》1981年第4期。

22. 马兰:《浅谈阿拉伯文化对欧洲文艺复兴运动的影响》,《希望月报》2007年第12期。

23. 穆·拉希达·杨棠:《穆斯林旅行家与文化交流——〈苏莱曼东游记〉》,《中国穆斯林》1983年第4期。

24. 宁荣:《〈中国印度见闻录〉考释》,《阿拉伯世界研究》2006年第2期。

25. 潘月刚:《近代日本人旅华游记中的中国观》,吉林大学博士论文,2013年。

26. 彭树智:《从历史交往看阿拉伯经济思想的西传》,《人文杂志》1996年第5期。

27. 钱学文:《灿烂的中世纪阿拉伯文化——〈阿拉伯文化与西欧文艺复兴〉解读》,《武汉大学学报》(人文科学版)2006年第5期。

28. 钱志和、钱黎勤:《中世纪的阿拉伯史学及其特点初探》,《宁夏大学学报》(人文社会科学版)2000年第1期。

29. 钱志和:《阿拉伯文化的西传和西欧的文艺复兴》,《西亚非洲》1987年第6期。

30. 乔治、萨里巴、丛郁:《欧洲文艺复兴时期的阿拉伯科学》,《回族研究》2002年第2期。

31. 邱树森:《伊本·白图泰眼里的中国穆斯林》,《西北第二民族学院学报》(哲学社会科学版)1993 年第 1 期。

32. 孙承熙:《中世纪阿拉伯伊斯兰文化的几个特点》,《阿拉伯世界》1993 年第 3 期。

33. 王凤山:《游记文学及其写作》,《新闻与写作》1998 年第 5 期。

34. 王立、王琪:《比较文化视野中的中国形象——评徐东日教授新著〈朝鲜朝使臣眼中的中国形象〉》,《中南民族大学学报》(人文社会科学版)2012 年第 3 期。

35. 王岩、之远:《中古阿拉伯东方文献中的新罗国》,《东方》2011 年第 3 期。

36. 魏峰:《中世纪阿拉伯人的海上扩张和航海业》,《阿拉伯世界》1996 年第 3 期。

37. 吴长春:《阿拉伯文化传播到西欧的途径》,《世界历史》1987 年第 3 期。

38. 吴长春:《西方史学界对阿拉伯文化西传途径的研究》,《阿拉伯世界》1988 年第 1 期。

39. 吴长春:《中世纪西欧吸收古希腊文化渠道问题初探》,《历史教学》1988 年第 2 期。

40. 徐东日:《朝鲜朝燕行使臣笔下的"紫禁城"形象——以李宧的〈燕途纪行〉为中心》,《吉林大学社会科学学报》2009 年第 6 期。

41. 徐东日:《朝鲜朝燕行使节眼中的乾隆皇帝形象》,《东疆学刊》2009 年第 4 期。

42. 徐东日:《试论朝鲜朝燕行使臣眼中的满族人形象》,《东疆学刊》2011 年第 4 期。

43. 许序雅:《阿拉伯—伊斯兰舆地学与历史学》,《史学理论研究》1996 年第 4 期。

44. 延青:《游记文学纵横谈》,《南昌大学学报》(人文社会科学版)1988 年第 1 期。

45. 杨俊皎:《中世纪阿拉伯百年翻译运动》,内蒙古大学硕士论文,2004年。

46. 张广达:《出土文书与穆斯林地理著作对于研究中亚历史地理的意义》(上),《新疆大学学报》(哲学人文社会科学版)1984年第1期。

47. 张广达:《出土文书与穆斯林地理著作对于研究中亚历史地理的意义》(下),《新疆大学学报》(哲学人文社会科学版)1984年第2期。

48. 张广达:《研究中亚史地的入门书和参考书》(上),《新疆大学学报》(哲学人文社会科学版)1983年第4期。

49. 张茜:《清代越南燕行使者眼中的中国地理景观》,复旦大学博士论文,2012年。

50. 赵军利:《中世纪阿拉伯的史学发展》,北京外国语大学博士论文。

51. 仲跻昆:《阿拉伯大旅行家伊本·白图泰》,《阿拉伯世界研究》1981年第3期。

英文参考书目

1. Albert Hourani, *A History of the Arab Peoples*, Cambridge, Massachusetts: Belknap Press of University Press, 1991.

2. Ian Richard Netton, *Islanmic and Middle Eastern Geographers and Travelers*, London: Routledge, 2008.

3. Nafis Ahmad, *Muslim Contribution to Geography*, New Delhi: Adam Publishers & Distributors, 1982.

4. Nasr S H, De Santillana G, *Science and Civilization in Islam*, Cambridge, Massachusetts: Harvard University Press, 1968.

5. Travis Zadeh, *Mapping Frontiers across Medieval Islam*, London: I. B. Tauris & Co Ltd, 2011.

后　记

本书是我在博士论文的基础上修订、补充而成的。自从我进入本课题的研究，至今已经近四年了，这本小书也算是历经磨砺而成。但至于我是否能将它磨砺成一颗珍珠，那就需要学界同仁来评判了。

早在母校上海外国语大学开始博士学业之前，我就对"伊斯兰文化视野中的中世纪阿拉伯地理学"这一课题十分感兴趣。但回到上海外国语学院后，随着对资料梳理的深入，我发现，所需的一手资料和中文材料都十分匮乏，需要大量调研外文文献。为此，我专门去埃及进修并搜集资料，前后共整理、翻译了 20 多万字阿拉伯语原文的阿拉伯地理历史古籍以及相关资料。毕业后，我又进一步收集资料，加以补充和修改。当该课题有幸被教育部人文社会科学研究青年基金项目资助后，我将其命名为《中世纪阿拉伯地理学研究》，并重新作了较大的调整、修改与补充，于是便成了现在的版本。

在本书即将付梓之即，我回想起了在上海外国语大学读书的十年，可以说这是我人生中最令人难忘的时光。尽管生活很清苦，但上海外国语学院浓厚的学术氛国却使得我流连于书海之中。而老师们的悉心指导、同学们的相互探讨，使得我学思大进，真可谓“交谈有鸿儒，往来皆书生”。在此，我要感谢我的导师陆培勇教授，他不仅在学业上对我加以指导，而且在生活上还予以资助，使我顺利地完成了学业。我还要感谢蔡伟良教授。他在学问上对我的严格要求与指点使我终生受益。北京外国语大学的蒋传瑛教授审阅了我的书稿，并提出了许多宝贵的意见，在此表示衷心地感谢。曹笑笑、曹霞、岳强、忽增朋等诸位同窗好友也提供了多方面无私的帮助，在此致以诚挚的谢意。

本书得以梓行，要归功于山东大学出版社的大力扶持，尹凤桐等诸位老师为此付出了辛勤的劳动，对此，我深表感谢。

郭筠

2016 年 1 月 10 日